三國爭霸（下）

渤海小吏 著

瑞昇文化

第 *11* 戰

秋風五丈原：鞠躬盡瘁，死而後已

一、一步趕不上，步步趕不上

從理論上來講，無論面對多強的對手，都會有勝利的機會！通往勝利的大門通常在時間這條路上。

一個落後的民族或國家，當明確對手後，只要將時間無限拉長，終歸大概率會反超先進民族或國家的。

如果雙方差距非常大，還想在短時間內取得反超，所能寄希望的就只能是小概率事件了。比如超級天災，像公元219年的大霖雨；比如露出了罕見致命的弱點，像曹操攻打烏桓的白狼山奔襲。

對手即便強如滅霸（漫威漫畫旗下的超級反派），在一千四百萬種可能中，仍然有一次勝利的機會。

電影中，一個人鞠躬盡瘁後通常會拯救地球。要是沒有拯救，那就是還有續集。不會有例外，因為人性受不了如此巨大的付出還沒有收穫。

但真實的人生卻是殘酷的。無論什麼事業，一旦需要最牛的人鞠躬盡瘁這一步時，通常結果都不會太好。

成功過的朋友應該都有如下感覺：你的成功肯定非常艱辛，需要你付出極大的努力，甚至某些關卡會讓你多少夜無眠。但是，你基本上會

得到同樣多的正反饋和好運氣。

　　年輕的朋友們請記住：當你累死累活卻始終得不到什麼正反饋，甚至人家步步走在你前面，你千萬要停下來想一想，最好的選擇是換條賽道重新起跑。

　　時代進步了，我們今天的選擇有很多。不像一千八百年前，根本沒得選。

　　街亭戰敗後，北伐的成功窗口已經被關上了。因為整個西北開始高度緊張，而且駐防的都是高質量大才。郭淮，這位扭轉乾坤的幕後英雄開始常駐隴西。關中也不再是魏延口中草包的夏侯楙了，而是曹家第二代的靠譜人才，被《三國演義》黑了很久的曹真。

　　曹真是曹操從兄弟曹邵之子，曹邵在當年曹操剛起步的時候就被豫州牧黃琬幹掉了。這份情誼曹操很珍惜，養曹真為義子，視同己出。曹真長大後作戰勇猛，曹操於是將特種部隊虎豹騎交給他指揮。

　　這是一個相當不得了的人事安排。

　　虎豹騎由於是百裡挑一的天下精銳組成，在曹純死後，一直是由曹操親自管理的。[1]

　　虎豹騎的指揮崗位，史料記載只有曹純、曹休、曹真這三個曹家親貴擔任過，曹休和曹真也是曹操親自選拔培養的曹家第二代軍事頂樑柱。

　　漢中之戰時，曹真開始領中領軍，進入禁衛將軍級別；夏侯淵死了以後曹真作為征蜀護軍，督徐晃等擊破陽平關外的高詳，打通了陳倉道，並至武都迎曹洪等還屯陳倉，總體來講表現相當不錯。

1　《魏書》：純所督虎豹騎，皆天下驍銳，或從百人將補之，太祖難其帥。純以選為督，撫循甚得人心。及卒，有司白選代，太祖曰：「純之比，何可復得！吾獨不中督邪？」遂不選。

曹丕繼王位後，曹真被封為鎮西將軍，假節，都雍、涼諸軍事，討破張進等酒泉造反集團，不久又督軍蕩平河西，斬獲極豐！[2]

黃初三年（222），由於劉備已死，西北安寧，曹真被調還中央為上軍大將軍，都督中外諸軍事，假節鉞。

曹丕死，曹真與陳群、司馬懿受遺詔輔政，明帝即位，曹真遷大將軍，成為魏國軍事第一領導人。

曹真在《三國演義》中高調為傻子代言，其實真實歷史中並非如此。

此次丞相北伐，曹真負責解決出褒斜道的趙子龍一路以及安定郡的叛亂。

安定郡沒什麼懸念，匪首聽說曹真來了迅速就投降了。但子龍老將軍的人生終戰，卻充滿了疑惑。三份史料給出的情形完全不同。

《三國志·趙雲傳》中說，曹真方面兵力多出很多，所以子龍在箕谷失利，但是老將軍斂眾固守，沒受大損失。

《三國志·諸葛亮傳》中，丞相則將箕谷戰敗作為一項重要論據在自己上疏請罪的時候一塊端上去了。疏曰：「臣以弱才，叨竊非據，親秉旄鉞以厲三軍，不能訓章明法，臨事而懼，至有街亭違命之闕，箕谷不戒之失，咎皆在臣授任無方。臣明不知人，恤事多暗，春秋責帥，臣職是當。請自貶三等，以督厥咎。」

上面這段話中的「箕谷不戒之失」有兩種說法：一個是子龍沒有防備，所以被打敗了；一個是「戒」通「誡」，意思是錯在丞相沒有反覆叮囑勸告。

我個人傾向是子龍沒有防備，兩方面原因：

2　《魏書》：鎮西將軍曹真命眾將及州郡兵討破叛胡治元多、盧水、封賞等，斬首五萬餘級，獲生口十萬，羊一百一十一萬口，牛八萬，河西遂平。

1. 常理來講，丞相的部隊不會出現不交代明白的情況，不會出現「不誡」的。

2. 前面那句「街亭違命之闕」說的是馬謖的抗命情況。作為對仗，「箕谷不戒之失」也應該是子龍部的戰況，而且後面跟上的那句「咎皆在臣授任無方」，說明了丞相攬責兩路出兵戰敗時都是歸咎自己用錯了人。子龍很可能被曹真偷襲了。

《漢晉春秋》中的說法更不客氣。

丞相在戰後總結的時候說：「大軍在祁山和箕谷的時候兵力全都多於對手，沒有輸在兵，而是輸在將上了。」[3]

看上去後兩種說法和《趙雲傳》有些矛盾了。

《趙雲傳》中說的是對面人數多所以輸的。《諸葛亮傳》中說的是自己無防備所以輸的。《漢晉春秋》中說的是箕谷開戰的時候自己的兵力就多，並非是人家人多勢眾打敗的。

再配合《水經注》中的一段原文：前趙子龍退軍，燒壞赤崖以北閣道，緣谷百餘里，其閣梁一頭入山腹，其一頭立柱於水中。今水大而急，不得安柱，此其窮極，不可強也。

應該是非常窘迫狼狽，子龍才會著急到將褒斜道燒了阻敵退軍。

總體分析來看，當時最可能的情況應該是：

曹真派了小股部隊偷襲子龍將軍，子龍此時兵多於敵方。曹真前期用計謀蒙蔽了子龍，讓子龍認為周邊無魏軍，隨後無防備地被偷襲了。緊接著曹真大軍得勢不饒人地前來趕子龍。子龍看到對面人多勢眾翻不了盤了，於是親自斷後撤退，沒吃大虧。由於曹真追擊太猛，大有入漢中的趨勢，以致於子龍倉促下燒了褒斜北道。

3　《漢晉春秋》：亮曰：「大軍在祁山、箕谷，皆多於賊，而不能破賊為賊所破者，則此病不在兵少也，在一人耳。」

總體來講，征戰一生的子龍在阻擊戰中吃了曹真的大虧，人生終戰有些狼狽。此次出征歸來後不久，子龍老將軍就病逝了。很難講與此戰失利的悲憤沒有關係。

子龍為人嚴肅沉穩，一身是膽，在長坂坡之戰、入西川之戰、定軍山之戰都是經過考驗的，最終的總評是「黃忠、趙雲強摯壯猛，並作爪牙」，是一員虎將。此戰失利並不能說明老將軍水平不夠，更像是曹真的水平更高。

史載曹真每次出征都與將士同勞苦，軍賞不足就散家財補齊，士卒皆願為用，而且從《三國志》全系列傳記中對照後，人家終其一生未逢一敗！

子龍沒有料到，他燒毀褒斜道產生了巨大的蝴蝶效應。曹真戰後做了如下判斷：諸葛亮這回在祁山失利，整個隴西大整風，郭淮又常駐隴西，應該無須再擔心。趙雲撤退的時候又把褒斜北道給燒了，此一路也無須再擔心。下次諸葛亮再興兵作亂的話肯定走陳倉道！

曹真隨後派郝昭、王生守陳倉，整修城池。[4]

這個英明判斷，在不遠的未來將讓丞相品味到什麼叫「一步趕不上，步步趕不上」。

挫敗了丞相的北伐後，曹叡要打開國的第一戰了，他聽從了司馬懿的建議，選了吳國下手。九月，陸遜在石亭大敗曹休。(石亭之戰具體在司馬家專場時細講，非常有意思。)

十一月，遠在漢中的丞相聽說了孫權在東面又一次打贏了自衛反擊戰，曹魏的東線元氣大傷，而且張部配合司馬懿作戰把關中軍都調走

4　《三國志·曹真傳》：真以亮懲於祁山，後出必從陳倉，乃使將軍郝昭、王生守陳倉，治其城。

了，於是再次上表：「漢賊不兩立，王業不偏安，咱得繼續討賊！」

此次上表中，丞相寫了很多，有一條讓人相當心酸：「自打臣到了漢中的一年多時間裡，趙雲、陽群、馬玉、閻芝、丁立、白壽、劉郃、鄧銅等及曲長屯將已經過世七十多人了。手中的賨叟、青羌散騎、武騎等一千多人全都是數十年之內所糾合四方之精銳，不是咱本土自產自銷的。再過幾年，又該死一批，咱想打也打不動了。」

丞相心裡很明白，最好的機會已經過去了。越往後越難打了。

為什麼這麼說呢？

因為他在上疏中說：「老臣鞠躬盡瘁，死而後已，活一天，就努力一天吧，至於最終的結果，以臣的水平是無法猜測的了。」[5]

十二月，丞相率軍來到陳倉，看到了剛剛整修完畢的陳倉城（今寶雞市代家灣村）。（見圖 11-1）

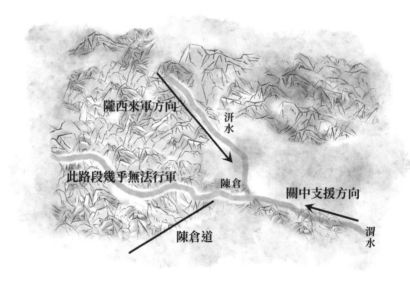

圖 11-1　陳倉城的戰略位置圖

5　《漢晉春秋》：臣鞠躬盡力，死而後已，至於成敗利鈍，非臣之明所能逆睹也。

丞相這次的戰略思路，是通過佔領陳倉城達到在關中斷隴的目的。
（見圖11-2）

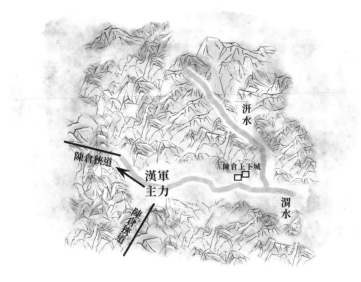

圖 11-2　斷隴示意圖

　　陳倉城是此次丞相出招的關鍵佈局，因為陳倉城有兩項優勢：

　　1.地勢險要，城防堅固。[6]

　　2.陳倉城位置關鍵，緊鄰渭水和汧水，當年秦文公因此地是位置樞紐，所以在此築陳倉城。

　　這裡是到關中和隴西的必經要道！

　　此路之外，其實自渭水上游還有一條，叫作陳倉狹道，但基本無法行軍。

　　上一次罕見的成功案例是夏侯淵自己蒍在後面總督糧草，逼著張郃當炮灰進行自殺式馳援。

6　《元和郡縣圖志・關內道二》：亮本聞陳倉城惡，及至，怪其整頓⋯⋯

張部之所以能成功是因為運氣爆棚！當時馬超已經處於強弩之末，張部搭半條命從陳倉狹道艱難上隴後，馬超帶著數千氐羌雇傭兵來逆戰張部，但少數民族一看見魏軍正規軍來了還沒打就都跑了。

由於陳倉狹道的出口同樣也是陳倉故道的出口，所以丞相在留兵保護這裡糧道的同時就捎帶腳把這條道封死了。

丞相此次的戰略目標如下：

1.突然襲擊拿下陳倉城。

2.隨後以陳倉城為阻擊點，吸引關中援軍甚至隴西援軍奔襲支援，自己在陳倉城防守反擊，殲滅敵軍有生力量。

但是到了陳倉以後，丞相發現壞了：短短幾個月的時間，本來就險要的陳倉城被進一步加固整修，還有鎮守河西十多年的太原名將郝昭專門駐守！[7]

郝昭在陳倉駐防的這半年多，生生又在原有的基礎上蓋了一座城出來（有二城相連，上城秦文公築，下城魏將郝昭築）！其實和二爺新築江陵城是一個意思，就是一座城要打兩遍了。

郝昭新修的這個下城在《寶雞縣誌》裡是這麼形容的：「後倚原麓，前橫高岸，據勢建築，可容兵馬數千，誠異境也。」

怎麼突然間變出來了這麼個東西呢！丞相先是圍住陳倉，隨後派郝昭的老鄉靳詳在城下游說。

城上的郝昭說：「老鄉啊！魏國法律你是知道的（我家人現在都是人質），我深受國恩（我不是馬超那種坑爹坑子的），咱就別廢話了，你讓你家丞相來打吧。」

7　《太平寰宇記‧關西道》：亮本聞陳倉城惡，及至，怪其整頓，聞知昭在其中，大驚愕。孔明素聞昭在西有威名，念攻之不易。

丞相不氣餒，再派老鄉進行陣前策反，說你肯定打不過啊！你就千把來人，我們有好幾萬人呢！

　　郝昭說：「我認識你，箭不認識你。」

　　之後，就是蜀漢在陳倉城外進行當世最高科技的進攻武器專題展示：丞相先是架雲梯，被郝昭火箭燒了。丞相上衝車，被郝昭用繩子繫上石磨的原始手榴彈砸塌。丞相架高塔往城裡射箭，用土填了護城河，還想直接從高塔上運兵進去。郝昭找來工程隊在城內又修了牆。丞相隨後挖地道，郝昭又在城內掘橫溝進行破壞。

　　郝昭的千把來人就這樣靠著這個關中要塞跟丞相的數萬大軍扛了二十多天。

　　此次丞相的戰略意圖是什麼呢？並非要去搶關中。其實就是陳倉，他想佔領這個進入關中的灘頭陣地，隨後依此打阻擊。（見圖 11-3）

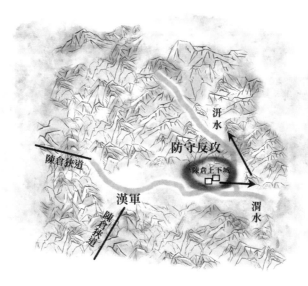

圖 11-3　陳倉城阻擊示意圖

看到郝昭的威力了嗎？不僅僅是這個小夥子棒，更重要的是一座險峻的要塞很多時候是可以打出很多阻擊手法的。

這次的郝昭修新城有多大的戰略意義呢？

工程英雄郝昭被封侯就自不必說了，連之前判斷丞相出陳倉派郝昭去修城的曹真都被增加封邑了！[8]

丞相這邊打郝昭，曹真也在派費曜等去援救郝昭。

曹叡再派第一次有偉大表現的張郃去救火。

曹叡命張郃放下方城的駐防部隊，趕緊上洛陽來，準備好了京師的南北軍三萬人和武衛、虎賁全都撥付給張郃，讓他火速馳援陳倉。

曹叡擺酒給張郃餞行，問：「你到時，諸葛亮會不會已經拿下陳倉了呢？」

張郃很有經驗，說道：「甭擔心，諸葛亮也就還有十天的糧食，估計我到那裡時諸葛亮已經跑了。」

張郃在哄領導，除非他知道漢中的糧倉家底，否則他怎麼可能算得出來丞相的漢中後勤儲備呢。

丞相最終撤退的原因是什麼呢？是因為陳倉打不下來，費曜的救兵又來了，所以退了。[9]

《諸葛亮傳》中說是因為糧食沒了才退回來的。但實際上，沒有糧食的可能性非常小，更像是一種無功退兵的藉口。因為緊接著丞相的大軍並沒有閒著，又進行了同樣遙遠的祁山道征伐，糧食可是一點兒沒掉隊。

8　《三國志·曹真傳》：真以亮懲於祁山，後出必從陳倉，乃使將軍郝昭、王生守陳倉，治其城。明年春，亮果圍陳倉，已有備而不能克。增邑，併前二千九百戶。

9　《魏略》：晝夜相攻拒二十餘日，亮無計，救至，引退。

丞相要是這一戰再無功而返，甚至被費曜打退，後面就沒辦法再帶兵北伐了！只能宣稱，我來得倉促，糧食不夠了，要不你們就完蛋了！

丞相撤軍，王雙率騎兵追擊，被丞相反殺。

丞相在憋著反殺王雙的時候，已經命陳式執行備選方案了。

陳式率領二隊攻擊武都、陰平二郡，郭淮迅速引兵來救，但是沒多久發現不對了。（見圖11-4）

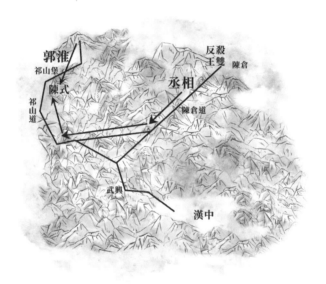

圖11-4　陳式攻擊武都、陽平路線圖

丞相主力走完一半陳倉道，也拐祁山道方向跟陳式一塊抽郭淮去了。

郭淮一看丞相來了，於是趕緊往家跑。丞相順利拿下武都、陰平二郡，然後回軍了。

歷史上管陳式拿下武都、陰平叫作第三次北伐。

實際上，從時間上來看，第二次伐陳倉和第三次伐武都、陰平應該是一次收工的。

十二月的時候，丞相已經圍住陳倉了。[10] 丞相打了二十多天。

這時候應該是正月了。緊接著這年的春天，陳式就已經拿下武都、陰平了。[11]

《諸葛亮傳》中記載得更細，陳式出擊後，郭淮被引過來了，隨後丞相親自出擊到建威，這才最終平定二郡。[12]

從時間上來講，不太可能出現丞相先派陳式出擊，自己回漢中，隨後聽說郭淮來了再折騰到祁山道的情況。最可能的是陳倉撤軍時先命陳式出擊，調動出郭淮後，自己正好半路去支援陳式。

說到底，丞相仍然沒忘拿下涼州的戰略，這次又推進了一步。但回來後，他遇到了一個比較撓頭的問題：229年，孫權登基稱帝了。

這是一個很大的政治問題，因為天無二日、國無二主，一個天下怎麼能有兩個天子呢？當然，曹叡那個天子是不被蜀承認的，但承不承認吳老二呢？

孫權的稱帝其實是很無厘頭的，因為但凡稱帝，是需要有手續的。

比如說魏那邊，曹丕是獻帝禪讓的，屬於走了全套的法律程序把房本過戶的。

比如蜀這邊，「總公司」雖然完蛋了，但劉家有所謂的漢家血統，然後自己宣佈，天命沒走，我「分公司」給接上了。就是這樣，劉備集團還得編出來獻帝讓曹丕弄死了的謊言來宣佈自己接續天命的合法性。

孫權呢？不僅血統、手續什麼的都沒有，這輩子還頭銜眾多：剛出道時是曹操表奏的「討虜將軍，領會稽太守」；後來喊曹賊後又成劉備表

10 《三國志‧明帝紀》：十二月，諸葛亮圍陳倉，曹真遣將軍費曜等拒之。
11 《三國志‧後主傳》：七年春，亮遣陳式攻武都、陰平，遂克定二郡。
12 《三國志‧諸葛亮傳》：七年，亮遣陳式攻武都、陰平。魏雍州刺史郭淮率眾欲擊式，亮自出至建威，淮退還，遂平二郡。

奏的「行車騎將軍，領徐州牧」了；喊大耳賊後又變回曹操的「驃騎將軍，假節領荊州牧，南昌侯」了；老劉急眼後又給曹丕當了大魏的吳王。

先天不足的孫權是上趕著巴結蜀漢這邊，說咱並稱「二帝」。

打個比方吧：曹魏那是「可口可樂」，蜀漢這是「百事可樂」，孫權那就是「非常可樂」。

孫權就是想自己這個「非常可樂」跟「百事可樂」兌一塊兒來跟「可口可樂」打擂臺。

「百事可樂」是不願意的，好歹也是國際化大品牌，諸多大臣都說咱跟孫權斷交吧！丞相針對這種情況，是這麼回答劉禪的：「非常時期，非常對待，『非常可樂』的罪過咱自己知道就完了，不宜過分張揚，先搞定『可口可樂』再說。」

蜀漢隨後派陳震去東吳祝賀，並約定平分天下，魏國的「豫青徐幽」歸吳，「兗冀并涼」歸蜀，算是提前瓜分了「可口可樂」的市場份額。

在丞相的力主下，一件外交原則性的大事件被壓下來了，不過陳震這個外交官出發前，他對丞相說了這麼句話：「李嚴腹有鱗甲。」

這位陳震是李嚴的南陽老鄉，這句話的意思是「李嚴有發動軍事政變的可能」。這句話使得丞相開始著手要解決李嚴的問題了。

230年七月，曹真伐蜀。

起因是這年曹真去洛陽朝見，對明帝說：「諸葛亮連年騷擾我們，咱得怒一把，這次抽他一回！」

秋七月，詔大司馬曹真、大將軍司馬懿伐蜀。

曹真率主力走子午谷，另一部走褒斜道，司馬懿自漢水走西城，郭淮自隴西出動。四路大軍圍剿漢中。

丞相派魏延去堵隴西方向，並調動了在江州療養了好幾年的李嚴。

大敵壓境下，李嚴仍然不願動彈，而是跟丞相講條件，說司馬懿那邊都開府了。

丞相將李嚴的兒子李豐封到了江州接他的班，他才帶著兩萬部隊到了漢中。

曹真屬於膽子比較大的，敢率大部隊走子午谷，結果他剛一入秦嶺，就連下三十多天大雨。

司馬懿自西城斫山開道，水陸並進，溯漢水而上攻拔新豐縣，到了丹口時，也遇到了超長時間的大雨。

這三十多天中，曹真才走了一半路，基本工作就是在沒完沒了的雨中搶修棧道，結果朝內大臣開始紛紛建言：「別打了，等啃到漢中，這兵也打不了仗了。」

九月，曹叡下令班師。

這邊退了，那邊魏延在祁山方向開始戰略性反推，大敗郭淮、費曜於陽谿。

不到半年後，時間來到了231年二月，丞相興兵第三次北伐（上一次魏延屬於自衛反擊）。

這次北伐的原因在於，魏國剛剛虛耗了大量的糧餉，隴西又被魏延大敗，更重要的是，曹真自從子午谷退回去後就得了重病，眼瞅就不行了！

西北樑柱崩塌，無奈之下曹叡將司馬懿調到了西北戰區救火，總督張郃、費曜諸將。[13]

就這樣，三國後期的兩位頂級大神終於在其中一個謝幕的三年前，相遇了。

13　《資治通鑑・魏紀四》：於是大司馬曹真有疾，帝命司馬懿西屯長安，督將軍張郃、費曜、戴陵、郭淮等以禦之。

二、漢丞相和司馬宣王在祁山到底誰勝誰負？

231年春，丞相的北伐大軍再次圍住了老景點祁山堡。（232年，丞相寇天水，圍將軍賈嗣、魏平於祁山。）

走馬上任的司馬懿第一件事就傳口令，命隴西州軍只留四千精兵守上邽，其餘全去救祁山！

司馬懿帶著隊伍往前線趕，此時官階僅次於他的張郃建言：「應該分兵把守入關中的各谷口，防止諸葛亮有後手。」

張郃為什麼這麼判斷呢？因為前兩次丞相北伐全都變出後手了。

司馬懿說：「祁山前線要是能擋住諸葛亮，將軍就說對了，如果前線擋不住，咱這還分軍，當年英布造反時就這樣把楚國的三個軍團消滅了。」

司馬懿於是進軍隃麋（今陝西千陽縣東），準備翻山上隴。

然後，史料中的差別來了哈！

《諸葛亮傳》中此次出征，全程就一句話：「九年，亮復出祁山，以木牛運，糧盡退軍，與魏將張郃交戰，射殺郃。」

以我們對陳壽的瞭解，這又是非主流把主流弄得不好看了。

《漢晉春秋》中的說法是：丞相分兵留著打祁山堡，自己帶著兵奔上邽來了。先是擊破了司馬懿部署的救祁山方面軍，隨後瘋狂收割上邽之麥。等司馬懿趕到後，雙方在上邽東接陣，司馬懿防得無懈可擊，丞相回軍祁山。（亮分兵留攻，自逆宣王於上邽。郭淮、費曜等徼亮，亮破之，因大芟刈其麥，與宣王遇於上邽之東，斂兵依險，軍不得交，亮引而還。）

《晉書‧宣帝紀》裡面的說法是：丞相聽說司馬懿來了，自率主力來收割上邽的麥子。大夥都害怕，宣王很淡然：諸葛亮肯定什麼都安排好了以後才搶麥子，咱兩天時間玩命趕絕對耽誤不了！隨後卷甲而趨，丞相看見我大宣王就嚇跑了。[1]

《晉書》裡面除了描寫大宣王的淡定和機智外，沒有提兩件事：

1. 下令馳援祁山的軍團被打爆這事被刪了。

不過從側面還是能看出端倪，因為丞相「自帥眾將芟上邽之麥」後「諸將皆懼」。這意味著隴西州軍已經被打爆了，蜀軍收割麥子很從容，這戰鬥力好可怕。

2. 丞相收割麥子成功沒成功《晉書》沒提。

《漢晉春秋》說他「斂兵依險，軍不得交，亮引而還」，《晉書》說他「卷甲晨夜赴之，亮望塵而遁」。一個說丞相不跟他打，一個說丞相嚇跑了。

這裡面的重點在於上邽的麥子。

上邽地區的麥子是隴西非常關鍵的軍糧，隴西高原地形支離破碎，乾旱少雨，大部分土地不適合農耕，上邽處於渭水南岸支流河谷，氣候

1　《晉書‧宣帝紀》：亮聞大軍且至，乃自帥眾將芟上邽之麥。諸將皆懼，帝曰：「亮慮多決少，必安營自固，然後芟麥，吾得二日兼行足矣。」於是卷甲晨夜赴之，亮望塵而遁。

溫潤，土壤相對肥沃，是隴西很少見的農業基地。

上邦之麥決定了丞相這回北伐的成功可能。因為不僅僅可以「食敵一鍾當吾二十鍾」地給自己方面減負，而且司馬懿將面臨隴西無糧，他在自己主場需要千里運糧的不如意局面。

《晉書》中沒提麥子這事兒，但是《魏書》中有提及，說曹叡派人保護了麥子，後來司馬大宣王和丞相相持的時候是靠了此麥為軍糧。[2]

一個說丞相收割了好多麥子，[3]一個說司馬懿靠這麥子當軍糧。[4]這兩個說法矛盾嗎？其實不矛盾。

丞相割走了一大半，然後宣王來了，仗沒能打起來，丞相也割不了麥子了，剩下的那一小半讓大宣王吃了，確確實實當了軍糧了。

為什麼這麼推斷呢？因為最權威的史料《三國志・郭淮傳》裡面穿幫了。

後面蜀軍出鹵城時隴右已經沒糧食了，司馬懿準備讓關中調糧食來，最後是郭淮剝削羌胡少數民族出的軍糧。[5]

《華陽國志》裡面在描寫丞相和李嚴問題時寫道，七月份丞相顧慮軍糧問題時，司馬懿連剝削少數民族的糧食都吃沒了。「亮慮糧運不繼，設三策告都護李平曰……時宣王等糧亦盡。」

所以說，雙方第一回合，《漢晉春秋》記載得更真實：

1. 丞相打爆了郭淮隴西軍。

2. 漢軍去上邦搶了大部分麥子。

3. 司馬懿帶著中央軍上隴後非常被動。

2　《魏書》：前後遣兵增宣王軍，又敕使護麥。宣王與亮相持，賴得此麥以為軍糧。

3　《漢晉春秋》：亮破之，因大芟刈其麥。

4　《魏書》：宣王與亮相持，賴得此麥以為軍糧。

5　《三國志・郭淮傳》：五年，蜀出鹵城。是時，隴右無穀，議欲關中大運，淮以威恩撫循羌、胡，家使出穀，平其輸調，軍食用足……

這事兒掀篇之後，史料中更大的不同又出現了。

《晉書》中說：我大宣王進軍漢陽，和丞相相遇了，剛一接陣又把諸葛亮嚇跑了，一直追到祁山，諸葛亮屯兵鹵城（鹽官鎮）負隅頑抗，據南北二山斷水為重圍，被我大宣王擊破，諸葛亮接著跑，又被我大宣王追擊，死一萬多人，我大宣王領導的隴西衛國戰爭圓滿落幕。[6]

《晉書》不靠譜，有兩個證據：

1. 鹵城之戰此時是五月，而李嚴喊丞相退軍的時候是六七月份的秋夏之際。

曹叡封賞的日子是七月份。[7]這距離鹵城之戰過去了近兩個月，時間上和宣王的赫赫戰績對不上。

2. 丞相最終退軍時射殺張郃的地方在木門道，在鹵城的北面。

什麼意思呢？

後面近兩個月的時間裡，丞相又將戰線向北推進了一大塊！這哪裡是《晉書》中的所謂的被砍死了一萬多人！

《晉書》裡對於此次司馬懿「河內人在隴西」的劇本進行了大量刪改，說句實在話，很沒必要。

宣王全程並不丟人，而且總會有別的史料將當時的原貌拼湊展現出來。

《資治通鑒》後來就選取了《漢晉春秋》中更為合理的版本。

在上邽時，由於郭淮剛剛大敗，所以司馬懿並沒有跟丞相開戰，而是展開了貼身緊逼戰術，丞相於是引軍南退。

6　《晉書·宣帝紀》：進次漢陽，與亮相遇，帝列陣以待之。使將牛金輕騎餌之，兵才接而亮退，追至祁山。亮屯鹵城，據南北二山，斷水為重圍。帝攻拔其圍，亮宵遁，追擊，破之，俘斬萬計。

7　《三國志·明帝紀》：秋七月丙子，以亮退走，封爵增位各有差。

丞相一退，司馬懿馬上跟上，繼續貼身緊逼，丞相走哪兒司馬懿貼身緊逼到哪兒。

　　跟到鹵城時，張郃建言：「咱現在應該在此屯兵，甭追了，祁山守軍知道我們來了必然軍心穩定，我們再派一路奇兵去斷諸葛亮的後路嚇唬他，他肯定跑。[8] 咱現在一路貼身緊逼，老百姓都看著呢！咱以後擱這兒就沒法混了！這隴西最看不起懦夫！」

　　司馬懿不搭理張郃，繼續貼身緊逼，貼身後又不打，趕緊佔據險山紮營堅守。[9]

　　司馬懿這一路的貼身緊逼全軍都看著了，跟到後面所有人都明白司馬懿是什麼戰術了：害怕人家有什麼變化，所以一路跟著人家；害怕打不過人家，所以一直不跟人家打。智力、戰力雙慫。

　　這就讓大魏將士很沒面子了。我們好歹是大國，是天下第一陸軍，還是主場作戰，你就讓人家在自家主場這麼隨意地穿插盤帶啊！

　　守祁山堡的賈栩、魏平多次請求出戰，司馬懿說：「給我老實待著去！」哥倆比較憤怒，說：「您畏蜀如虎，簡直讓天下人取笑！」

　　司馬懿一聽，直接得病了，宣佈：都別跟我說打仗的事兒，我都得病了！大家不答應，繼續請戰！

　　一連兩個月，到了五月中旬，司馬懿覺得差不多了，再不打就該鬧軍變了，於是派出憋了很久的士氣高昂大魏棒小夥子去向丞相進攻。

　　司馬懿這輩子幹什麼事都能因地制宜，不是他不會進攻，而是自己還沒上隴，郭淮的州軍已經被打爆了，麥子被人割了，已經「諸將皆懼」了，這個時候開戰就違背「致人而不致於人」的兵家心法了！

8　《漢晉春秋》：宣王尋亮至於鹵城。張郃曰：「彼遠來逆我，請戰不得，謂我利在不戰，欲以長計制之也。且祁山知大軍以在近，人情自固，可止屯於此，分為奇兵，示出其後……

9　《漢晉春秋》：「不宜進前而不敢逼，坐失民望也。」……宣王不從，故尋亮。既至，又登山掘營，不肯戰。

司馬懿隨後利用不戰來消磨漢軍的士氣，積攢本方的憤怒值，將第一回合的不利局面消化掉。司馬懿玩了把王翦滅楚的套路，先都擱那兒憋著，然後等憋急眼了再撒出去咬人。

五月辛巳日，司馬懿認為憋夠了，躊躇滿志地命張郃帶兵攻南圍，自帶中路大軍來找丞相對打！

王平帶著少數民族的無當飛軍勇猛地擋住了西北第一戰神張郃的進攻！[10]

丞相則帶著主力，派魏延、高詳、吳班堂堂正正地野戰逆擊，幹掉魏軍三千多人，拿下一堆軍用物資，司馬大宣王撤回軍營（丞相「獲甲首三千級，玄鎧五千領，角弩三千一百張」）。

要專門說一下「獲甲首三千級，玄鎧五千領，角弩三千一百張」是什麼概念。

「甲首」是指砍死披甲的戰士三千人。（還有一種說法，「甲首」是軍中的「伍長」，基層軍官要是都死了三千，那基本就成覆滅級的戰役了，這就太可怕了，所以按損失小的算，砍死了披甲戰士三千人。）

「玄鎧」是指鐵甲，按照「甲首三千級」的說法，相當於此戰除了被砍死那三千人外，還有兩千鐵甲軍是扔了盔甲快速跑的。

這說明魏軍被打崩了。是大潰敗！

「玄鎧五千領」是個什麼概念呢？袁紹的界橋之戰，麴義臨陣斬其冀州刺史嚴綱甲首千餘，隨後公孫瓚就崩了。當年呂布麾下大將高順有個大名鼎鼎的「陷陣營」，據說「每所攻擊無不破者」，其實不過七百多人，就已經牛成這樣了。

10　《三國志·王平傳》：九年，亮圍祁山，平別守南圍。魏大將軍司馬宣王攻亮，張郃攻平，平堅守不動，郃不能克。

曹操當年在說他太不容易時說：「袁紹有鐵甲萬領，我就二十領，得虧我腦子好！」[11]

所有軍械中，最值錢的就是「玄鎧」，因為製作起來複雜，造價高，而且在戰場上的威力大！

這「玄鎧五千領」只要裝備上，那就是頂級精銳。

鹵城之戰，司馬懿大敗虧輸。

此次鹵城之戰給司馬懿留下了極為深刻的印象，他憋了兩個月的大招，全軍士氣高昂，還是當面鑼對面鼓地跟人家堂堂開戰。最終戰績就是他發現大魏已經不是天下第一陸軍了。對面陣法已成，士卒已精，太可怕了。

再算上郭淮和費曜第一回合被丞相一頓暴打，丞相還割了麥子，兩戰徹底把司馬懿打虛了。

此戰過後，一生在戰場上侵略如火的司馬懿，碰見諸葛亮時再也不提進攻的事了！

《晉書》在這段歷史中做了大量的篡改，實際上根本沒必要。因為司馬懿對戰諸葛亮的所有表現都在證明他是個頂級的軍事家！

《孫子兵法·軍形篇》中有一段精闢的話：

「昔之善戰者，先為不可勝，以待敵之可勝。」善戰者先把自己守得無懈可擊，隨後再等待敵人出漏洞。

「不可勝在己，可勝在敵。」讓你不輸，在你自己；讓你勝利，取決於敵人是否露出馬腳。

11　《曹操集·軍策令》：袁本初鎧萬領，吾大鎧二十領；本初馬鎧三百具，吾不能有十具。見其少遂不施也，吾遂出奇破之。

「故善戰者，能為不可勝，不能使敵之必可勝。」善戰者能保證自己百戰不敗，卻不能保證百戰百勝，因為敵人也許像你一樣是高手。

最精闢的一句：「故曰：勝可知，而不可為。」勝利是提前可以判斷的，對方一定是露出了明確的敗亡信號，這是「勝可知」；勝利不是你能操縱強求的，這是「不可為」。

整個《孫子兵法》中，其實最核心的一點就是等待。司馬懿和諸葛亮這兩位大神的謀略與《孫子兵法》的精髓遙相呼應。

等到「道、天、地、將、法」的「五事」大比分領先；等到「主孰有道，將孰有能，天地孰得，法令孰行，兵眾孰強，士卒孰練，賞罰孰明」的「七計」大比分領先；等到對手出現漏洞；等到對手掉入你的陷阱裡……

當遇到各方面都比你強的對手時，一定要承認自己的差距，隨後等待！最關鍵的就是不要亂動！等待對方心煩意亂！等待對方糧草短缺！等待天時出現幫你抹平差距！

司馬懿前面憋著士氣和蜀軍開戰，這是在通過時間來扭轉開局不利，這叫「致人而不致於人」！

等到堂堂而戰後卻打出了一邊倒的效果，發現己方戰鬥力比不過對方後就堅決不再出手，這叫「先為不可勝，以待敵之可勝；勝可知，而不可為」！

這種頂級的精明、自知與自制，其實是司馬懿和諸葛亮過招時最核心的底色！

我們調侃之餘，其實要發自肺腑地尊敬這套人生算法。

只關注司馬懿被諸葛亮打得臉都沒了其實一點兒意義都沒有，這段歷史對我們真正的助力是仔細品味司馬懿的具體問題具體分析、審時度勢後的實事求是，以及確定目標後的堅決貫徹執行！

司馬懿和丞相差在哪兒了呢？其實僅僅是「練兵」水平，也就是陣法和戰鬥力。剩下的政治、軍事、治國等所有技能點，這兩個人幾乎沒有什麼差距，和雙胞胎一樣。既生孔明，何生仲達啊！

時間在推移，丞相此次拿下涼州的天平開始往漢這邊傾斜。因為司馬懿此時已到強弩之末，隴西已經沒有儲備糧草了，上邽的麥子又被丞相割走，連郭淮剝削少數民族的糧食都吃沒了。[12]

郭淮逼著人家交糧食的「恩威」，真的可能有「恩」嗎？[13]少數民族會甘心嗎？

丞相只要再堅持堅持，希望與轉機就會到來。司馬懿就算再不犯錯，他巧婦也難為無米之炊！

丞相也害怕運糧不及時，於是專門去跟李嚴溝通：「現在我有三計，上計斷其後道，中計與之持久，下計還住黃土。你是後勤大隊長，你感覺現在你還支持得起我哪種戰術要求？」[14]

就在司馬懿一籌莫展、丞相準備斷其後道之時，後方收到李嚴的情報，說軍糧不夠了，班師吧。

六月底，丞相無奈班師，司馬懿派張部追擊，並斬釘截鐵地說：「諸葛亮糧盡，追敵必大獲成功！」

張部說：「不能追啊！軍法裡面說歸軍勿追啊！咱又打不過人家，前年王雙追孔明就被宰了，他就愛玩反殺，不能追啊！」

結果司馬懿不聽，你必須死，你威望太高，對我威脅太大，我堅守不戰的政策想要貫徹下去，軍隊裡面必須只有一個領導！只要你在，我說不能打的時候，不服的人就會倒向你這個老革命，隊伍就會分成兩

12　《華陽國志》：時宣王等糧亦盡。

13　《三國志·郭淮傳》：淮以威恩撫循羌、胡，家使出穀，平其輸調，軍食用足……

14　《華陽國志》：亮慮糧運不繼，設三策告都護李平曰：「上計斷其後道，中計與之持久，下計還住黃土。」

派！

司馬宣王在鬥爭上向來手段狠辣沒有餘地，這種追擊戰，基本上按慣例都是派個小弟去追。對面有反殺高手，讓這麼高級別的將領去親自幹這個活兒，實在有些歹毒。

張郃無可奈何，以二把手的高級別去追歸軍。[15] 在木門道，丞相佈置了一大堆弓弩手，把張郃軍射得像刺蝟一樣，張郃右膝被射中，拉回去就感染死了。

丞相回到漢中後，比較神奇的場景出現了，李嚴驚訝道：「咦？軍糧夠啊？怎麼就回軍了呢」李嚴還要殺督運糧的岑述來給自己脫罪。

不過丞相有著良好的辦公習慣，拿出了所有的書信證據，裡面寫的跟李嚴說的矛盾重重。李嚴無法抵賴，低頭認罪。

李嚴為什麼會幹這樣一件小丑般的事，千年來眾說紛紜。動機上就不用猜了，唯一的可能就是通過丞相的無功而返來削弱丞相的威信，方便自己這個二把手上位。

眾說紛紜的是他蹩腳的做法，因為丞相手中是有他的公文證據的！比較大的可能，是李嚴早就安排了毀掉公文的人，但是最終沒有毀掉！

無論他是怎麼想的，總之他的做法最終漏了一個太大的尾巴。李嚴隨後被丞相上表奏明後主，罷掉官職，削去封爵和食邑，流放到梓潼郡。

至此，劉備托孤的第九年，因為這些年的權力之爭而將自己的前途和蜀漢的未來徹底斷送。丞相也失去了人生中的最後一次大好機會。

對面打也打不過，就快被餓死在隴西了，實在想不出辦法時，老天卻讓李嚴來了這麼一齣。只能說天佑司馬啊！

15　《魏略》：亮軍退，司馬宣王使郃追之，郃曰：「軍法，圍城必開出路，歸軍勿追。」宣王不聽。郃不得已，遂進。

短短半年時間，曹真和張郃都死了，再加上之前曹休的病逝，曹叡只好命最後一位軍事大神司馬懿全權負責雍涼地區。

多神奇啊！這才幾年啊，第二代的曹家司令曹真、曹休、夏侯尚就都壯年而亡了！

司馬懿這次被丞相弄得差點兒現眼，痛定思痛思考戰勝丞相的方式就是把他耗走，不跟他打。司馬懿開始給中央打報告，要求調人來進行大生產，為他下次的貼身緊逼攢糧食。

司馬懿的報告打到中央後，時任度支尚書的弟弟司馬孚在內部也幫著使勁兒，不僅從冀州調了五千農民去上邽屯田，還建議將朝廷的中央軍擠出兩萬常駐關中，防備諸葛亮。[16]

與此同時，司馬懿在關中也開始了大生產運動，穿成國渠，築臨晉陂，溉田數千頃；大屯田的同時又興建京兆、天水、南安三地的鹽池和冶鐵，秋冬習戰陣，春夏修田桑。

總之，全力開動關中大生產，為諸葛亮的下一次北伐儲備物資。

丞相也在漢中進行了認真的物資儲備，在斜谷設了大糧倉，並在此處修建了超大規模的武器製造廠，由名匠蒲元主持生產軍火，又發明了流馬（輕快高速的運糧艇），認認真真地進行了兩年多的戰爭準備。

234年開春，可能是丞相察覺到了什麼，約吳國同時大舉，親率大軍再次出征北伐。

炎漢最後的赤星，就要來到最後的戰場了：公元234年，五丈原。

---

16 《晉書・列傳第七》：孚以為擒敵制勝，宜有備預……宜預選步騎二萬，以為二部，為討賊之備。又以關中連遭賊寇，穀帛不足，遣冀州農丁五千屯於上邽……

三、隕赤星，漢丞相謝幕歸天

234年初，丞相率大軍十餘萬，踏上了人生中的最後一次北伐之路。這是蜀漢政權有史以來出兵人數最多的一次，空前絕後。

丞相算是押上了自己的所有家底，要跟司馬懿搏一次了。

丞相此次的戰略，放棄了出祁山、斷隴右的方案，也放棄了再從陳倉圍點打援的想法。因為隴西現在被司馬懿建設得已經可以打消耗戰了，陳倉更是啃不下來的堅城，每一次的北伐，都比上次還要艱難。

第一次折在馬謖的紙上談兵；第二次敗在曹真的基建意見；第三次毀在李嚴的利慾薰心。

似乎每一次，老天總在你努力到極致的時候，給你扯一下後腿。但就這一下，就足夠使你功敗垂成！

當年曹操一浪好多年，屠徐州坑爹，跟劉備喝酒玩風趣，走盧龍道五百里無人區，卻依然可以揮鞭掃北。

老天真的在幫他。方方面面都在幫他。

但是輪到丞相時，卻有一種寒冷到骨髓的無力感：方方面面都要考慮到，即便如此，只要有一個小環節出錯，就會滿盤皆輸。

自從北伐以來，他發現，運氣沒有一次站到他這邊！

沒有當年韓信水利穿插的陳倉水道了！沒有關張馬黃趙的人才支持了！沒有漢魏禪代時的混亂政局了！

面對的不是失人心的章邯，不是沒見識的赤眉，不是搞內訌的李傕、郭汜，是一輩子不犯錯的司馬懿！指著以一己之力搏蒼天，實在太難了！

丞相這次北伐，走的是褒斜道。

褒斜道南起褒谷口北至斜谷口，即沿漢水支流褒水及渭水支流斜水（今石頭河）河谷而行。

這兩條河流皆以太白縣的五里坡為發源地，行程貫穿褒、斜二谷，長四百七十里。

褒斜道的大規模整修和使用起於武帝時期，天池大澤被震沒之後，陳倉道由於沒有水路，路途實在是太長了，因此張湯主持了拓寬褒斜道和疏通漕運的工作。張湯的想法是再造一個水路通達的「陳倉故道」，結果修完之後發現確實是省了路途，但並沒起到降低物流負擔的作用，因為水路還是借不上力。褒、斜二水湍流激蕩，根本無法行船。[1]

不過到了丞相這兒，老天爺不賞臉這事兒被搞定了。丞相又鼓搗出來了適應特殊河道的「流馬」做物流工具。[2]

除卻十項全能外，丞相還是頂級發明家。[3]

此次北伐，蜀軍出動了有史以來的最大規模兵團，卻沒再受到糧食問題的困擾。

老天也許真的怕他再搞出些跨時代的發明去抹平國力差距，所以得讓他儘快走人了！

1　《史記‧河渠書》：發數萬人作褒斜道五百餘里，道果便近，而水湍石，不可漕。

2　《三國志‧諸葛亮傳》：十二年春，亮悉大眾由斜谷出，以流馬運……

3　《三國志‧諸葛亮傳》：亮性長於巧思，損益連弩，木牛流馬，皆出其意。

四月，丞相來到了戰場。

曹叡極度焦慮，漢丞相已經快把這位魏天子弄神經衰弱了！尤其上一次出祁山，己方最強的解題方案差點兒崩潰了，要不是對面出現了神仙隊友，己方肯定是全軍覆沒。司馬懿不僅打不過人家，按人家的設想是要斷其後路，把司馬懿活活憋死在隴西的！

就這人家還反殺了張郃，曹魏西北功勳最卓著的將軍！

司馬懿在西北吃了敗仗，曹叡不僅不怪罪，反而戰後對全員進行封賞！

理由在《明帝紀》中寫得明明白白：「秋七月丙子，以亮退走，封爵增位各有差。」死精銳、丟裝備、折大將，這都不叫事兒！只要把丞相熬走，就是立了大功。

這回丞相又一次出兵，《晉書》司馬懿的本傳中也難得地描寫了一下當時丞相給整個魏國帶來的無形壓力：「天子憂之，遣征蜀護軍秦朗督步騎二萬，受帝節度。」

還沒怎麼著，曹叡就怕司馬懿扛不住，又派過去兩萬人！當時的情形真的是若此人不亡，則雍涼不敢解甲，中國無法釋鞍，太嚇人了！

知道丞相要來之後，司馬懿故作高深地對諸將說：「諸葛亮如果從武功出兵，依山而往東，那確實可怕；如果向西前往五丈原，咱們就沒事了。」

這句話司馬先生說得比較風趣，給大家看一下圖。（見圖11-5）

丞相要是去了武功，褒斜道口這個蜀軍運糧的生命線非常容易被司馬懿掐斷。東去武功只有可能去威脅長安。長安有那麼好打嗎？

司馬懿先生給我們舉了個好例子，大戰之前先說一些對方肯定不會做的玩笑話顯示自己的高深，增加己方的信心。還是那句話，不要以看不起的態度觀察司馬懿，他身上有著太多的人生智慧了，比如這招就很

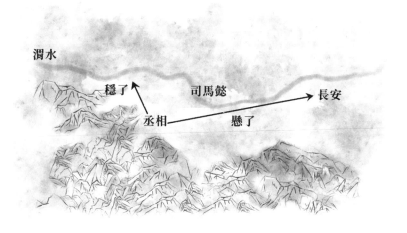

圖 11-5　司馬懿解說圖

香、很管用。

　　戰略分析會上，諸將建議司馬懿在渭水北岸列陣。大家全都害怕了！司馬懿其實也害怕，但為什麼說人家是大戰略家呢？因為人家所有的賬算得特別明白，他表示要保護廣大渭南居民的財產，孔明要是得了渭南的輜重，就更沒日子把他耗走了！

　　司馬懿帶著曹軍渡過渭水在南岸背水為壘。

　　諸將中，郭淮說了一條很有建設性的意見：「諸葛亮的意圖是連兵北山，斷絕隴道，肯定會奪北原，應當先去佔據此地。」

　　此次會戰，司馬懿從隴西把郭淮也調回來了！從中央到邊疆，能打的全都拉到關中戰場了！真的是以傾國之力圍堵諸葛亮啊！

　　郭淮這些年在隴西打了太多次仗了，他總是判斷丞相在瞄著涼州，想什麼都是斷隴。按照郭淮的說法，丞相真的是要斷隴嗎？(見圖11-6)

　　佔領北原後確確實實能斷渭水的東西漕運，但是隴西是不需要輸血的。丞相和司馬懿大軍在此地對峙的同時，能夠再撥出一部分兵力去收

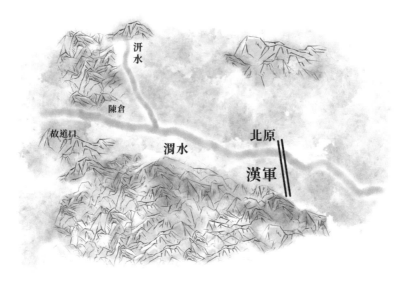

圖 11-6　佔領北原截斷渭水示意圖

割陳倉和隴西嗎？這幾乎是不可能的！但是丞相確確實實攻打北原了。

司馬懿同意郭淮的看法後，郭淮在北原的營壘還沒築成，漢軍大部隊已經強渡渭河而來，郭淮靠著先手的準備，驚險擊退漢軍。[4]

丞相的目的是什麼呢？是為了佔領北原高點並截斷渭水，將司馬懿的東、西兩軍隔離，隨後將其各個擊破。（見圖 11-7）

郭淮守住北原後不久，丞相聲西擊東地打陽遂時，司馬懿在西面部署了軍隊。[5]

由此也全面推導出了司馬懿的戰略思路，就是三面立體環繞式地不讓丞相溜躂，然後說破大天也不跟你打！

面對司馬懿的又一次貼身緊逼，丞相開始屯田，準備長期駐軍了！[6]

4　《三國志·郭淮傳》：宣王善之，淮遂屯北原。塹壘未成，蜀兵大至，淮逆擊之。

5　《三國志·張郃傳》：後數日，亮盛兵西行，諸將皆謂欲攻西圍。

6　《三國志·諸葛亮傳》：亮每患糧不繼，使己志不申，是以分兵屯田，為久駐之基。

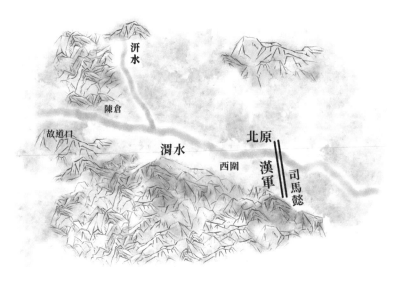

圖 11-7　三面包圍丞相示意圖

　　丞相種的是什麼呢？不是上邽的麥子，因為麥子要秋天種，來年夏天收，而是小米。

　　夏播的小米一般在六月上中旬播種，到收大約一百天左右。

　　丞相也許還打算等小米收穫後再種小麥，來年夏天收，踏踏實實地打持久戰。

　　一百多天過去了，丞相各種挑戰，司馬懿就是不伸腳！

　　丞相使出了超級大招，把蜀錦給司馬懿送去了，表示你也沒事幹，給我們代代言吧。

　　非常有意思的是，史料上根本沒有諸將的大怒反應！是司馬懿自己不幹了！[7]

7　《晉書・宣帝紀》：數挑戰，帝不出，因遺帝巾幗婦人之飾。帝怒……

也許是三年前在隴西的印象實在太過深刻，大家全都由血氣方剛的小夥子變成理智青年了，畢竟又沒讓我代言！

司馬懿害怕被人羞辱的消息傳出去讓基層士卒們的士氣崩盤，擺造型派人跟曹叡千里請戰：「我必須得打諸葛亮這老小子，太欺負人了！」

曹叡看到司馬懿這輩子居然第一次神奇的戰時來請示，覺得形勢已經非常不對了：司馬懿平時主意最大了，這些年什麼時候打問過我的想法了嗎？打孟達的時候他請示了嗎！這就是讓人家擠兌得快混不下去了，拿我當擋箭牌來了！

曹叡為什麼說他英武呢？他自幼就經常被曹操帶在身邊，知道戰場上瞬息萬變，一個人多麼英明都不見得比當事人的判斷好！

他知道隴西大敗後給全體封賞，他知道全力支持不外行指導內行，他知道司馬懿請戰後要貫徹不打的制敵方針。

曹叡派了三朝老臣辛毗持符節來前線督戰：「我看誰敢動彈！都給我待著！讓他自己走！」[8]

這是一對偉大的君臣組合。古往今來能夠做到這個水平的是很罕見的。大多數時候，為將者根本不會如此冷靜；就算是名將知道避其鋒芒，但領導人通常不會這麼清醒。最著名的就是安史之亂時的潼關對峙，因為種種原因，李隆基不斷催促出戰，連殺高仙芝和封常清，哥舒翰「慟哭出關」，最終潼關失守，李隆基南逃四川。

辛毗到了以後，姜維對丞相說：「唉！司馬懿是跟咱打不了了！」

丞相也歎道：「他但凡有辦法能贏得了咱，還用得著千里請戰嗎！」

司馬懿在收下丞相的蜀錦的同時，問了使者這麼一個問題：「你家丞相最近吃飯睡覺怎麼樣啊？」

8　《三國志‧明帝紀》：詔宣王：「但堅壁拒守以挫其鋒，彼進不得志，退無與戰，久停則糧盡，虜略無所獲，則必走矣。」《三國志‧諸葛亮傳》：使衛尉辛毗持節以制之。

使者認為沒有涉及軍事機密，於是說：「我們丞相大勞模，罰二十杖以上的事都會親自審閱，吃得倒是不多。」使者想表達的是我們漢軍在丞相的治理下無懈可擊。司馬懿卻從中聽出了另一種味道：就你們丞相這種工作強度，他估計活不長了。

丞相確確實實遇到了一個神對手：他是全才，對手也是全才。

諸葛治蜀將四川漢中打造成了一台戰爭機器，對面的那位也是走到哪兒建設到哪兒，三年的時間將關中修理一新。

雙方都是絕頂高手。司馬懿刺探情報單單算你的工作量就猜出來了個大概。

司馬懿在給他弟弟司馬孚的信中比較風趣地說：「亮志大而不見機，多謀而少決，好兵而無權，雖提卒十萬，已墮吾彀中，破之必矣。」

意思是說諸葛亮哪兒哪兒都不行，別看來了十萬人，已經掉入我的計劃裡了！他完蛋啦！這個計劃是什麼呢？就是等諸葛亮死。

司馬懿說得沒錯，丞相確實不行了。他選在這一年開春出征，還帶出了全部家底，原因可能也在於他感到了生命流逝的速度在加快，他沒有多少時光了。

八月，入秋，就在屯田的小米快要收穫的時候，就在持久戰思路即將讓對面貼身緊逼大隊感到絕望的時候，老天最後一次表態了：孔明，你可敬！可歎！你對劉家已經做到人臣的極致了！天意難違！別再為難自己了！跟我回天聽封覆命吧！

後主派尚書僕射李福前來問接班人問題。丞相說：「蔣琬。」「蔣琬後呢？」「費禕。」「費禕後呢？」

丞相不再說話。

234年八月二十八日夜，有星赤而芒角，自東北向西南墜於漢營。赤

星墜地，丞相病逝於五丈原軍中，年五十四歲。

楊儀隨後率漢軍有序撤退，司馬懿興奮直追，漢軍猛回頭，司馬懿扭頭跑，漢軍入谷後發喪。「死諸葛走生仲達」成為關中老百姓茶餘飯後的笑料，他們對於這位七年內兩入關中的敵國丞相，似乎要比那位可笑的本國將軍更加親近。

歷史是由勝利者書寫的，這句話沒錯。但如果你贏的姿勢奇醜無比，就不要怪老百姓們戲謔。

仲達是奇才，對於丞相這位神對手，他已盡力。

換其他任何一個人都很難扛得住丞相最後三年的征伐。

丞相走了，他用他的一生，兌現出了千古盛名！

司馬懿很快也要迎來自己的選擇了。

丞相遺命將自己葬在定軍山，表明繼續看後人北伐建功。

後主罕見地在臣子死後的第一時間就給了謚號，賜丞相謚號「忠武」，算是這位蜀漢丞相的一生寫照。

文臣武將的謚號一般分別以文，武開頭：

文後通常跟正、貞、成、忠、端、定等字；武后通常跟寧、毅、敏、惠、襄、順等字。還有一種，是綜合性更全面的文武大臣通用的謚號，叫「通謚」。

丞相的「忠武」就是通謚。

丞相之後，「忠武」謚號從此也就約定俗地成為人臣的最高級別謚號。

這位中國歷史上，堪稱最偉大、最傳奇的丞相，謝幕離開了舞臺。

他幾乎在每一個方面，無論做人還是主政，都無可指摘！

他上表死後不加封族人，家有桑樹八百株，薄田十五頃，足以衣食保暖。

他用人公允量才，除了錯用了一次馬謖，他這輩子從來沒在人事問題上打過眼。

在他手中，壓住了蜀漢派系龐雜的內亂苗頭，攏住了所有人去集中幹事業。

楊儀和魏延，都是有才但幾乎無法溝通相處的刺頭，他死後，二人迅速互撕，最後均無善終。沒有了丞相，這二位分分鐘都控制不住自己的性格缺陷。

李嚴自打被托孤就找不準定位，蜀漢是小國，攥成一個拳頭還打不死人呢，哪有條件搞分權呢？

這位和他明裡暗裡鬥了八年的李嚴，哪怕最終拆北伐的台，讓他錯失了最好的一次機會，他最終也僅僅是將其罷官流放。

對於有罪於國的政敵，丞相的寬宏大量算是幾千年中國史中少見的。而他一生之敵的司馬懿，對政敵可是出了名的手黑。

他所提名的蔣琬與費禕，在他死後二十多年中沒有把蜀漢這艘船帶翻；他當年看中的姜維，成為比他還要執著的那個堅持者。

他遇到了最難的開局、最難的蜀道、最難的秦嶺、最難的君臣搭配，以及最難的防守大神！最終的失敗，非人力能及，天數也。

丞相所待過的每一個地方，全部興建水利煥然一新，百姓安居樂業，漢中四川的諸多民生項目功在當代，利在千秋。

丞相剛剛千古之時，各地就已經自發請求為丞相立廟祭祀，百姓自發地逢年過節便會於路邊祭祀丞相。[9]

因為老百姓吃得上飯，活得有尊嚴！「亮之治蜀，田疇闢，倉廩實，器械利，蓄積饒，朝會不華，路無醉人。」

9　《襄陽記》：亮初亡，所在各求為立廟，朝議以禮秩不聽，百姓遂因時節私祭之於道陌上。

時至今日，武侯祠仍然香火鼎盛，朝拜的人絡繹不絕。

中國人的信仰向來「靈」者為先，但這位蜀漢丞相卻罕見地成為百姓不求辦事也要祭祀的偉大神仙。

他連年興兵，但益州不疲敝；他嚴刑峻法，但百姓無怨言；他提弱卒數萬，東屯渭水，天下震動！

司馬懿以十萬之眾抗之，堅壁不敢出！

論文章，《出師表》名垂千古，簡潔文風成為千年來幹實事的標桿。

論武功，他著有《南征》、《北伐》諸多軍事著作，「八陣圖」名留千古，唐時入選「武廟十哲」。

丞相用兵，不動如山，進退如風，兵出之日，天下震動而人心不憂。

起巴、蜀之地，蹈一州之土，提步卒數萬，長驅祁山，慨然有飲馬河、洛之志！

司馬懿據天下十倍之地，據牢城，擁精銳，無擒敵之意，務自保全而已，使彼漢家丞相來去自如！

司馬懿在蜀軍撤走後，行丞相營壘，觀其遺事，讚歎曰：「天下奇才！」

他聽到「死諸葛走生仲達」不僅沒急，而是慨歎自己不容易，說：「我能在他生前不出錯就不錯了！」

司馬懿肯定不止一次地對身邊人表達過對這位神對手的崇敬，因為三十年後，他兒子司馬昭在滅蜀後專門部署了一項任務：搜尋丞相當年的治軍典籍用來操練禁軍！[10]

論政務，他治下政治清平，法度嚴整。

論治國，他所治理之處，百姓安居樂業，無不大臺階跨步躍進。

10　《晉書‧職官》：帝為晉王，委任使典兵事。及蜀破後，令勰受諸葛亮圍陣用兵倚伏之法，又甲乙校標幟之制……

他有道德、有理想、有藍圖、有風骨、有能力，堪稱千古完人！

受六尺之孤，攝一國之政，事凡庸之君，專權而不失禮！

行君事而國人不疑！行法嚴而國人悅服！用民盡其力而下不怨！

他所主政的這十二年，幾乎是中國歷史幾千年來四川人民知名度及自豪感最高的十二年！四川這片古老的天府之國似乎從此也被武侯注入了挽救漢民族危亡的魂魄！

蒙古人鞭笞歐亞大陸時，釣魚城的川軍死死地一步不退，唯一一位戰死沙場的蒙古大汗就殞身此地！

日軍侵華時，四川成為全中國最後的希望，川軍貢獻出了挽救民族危亡的洪荒之力！

丞相千古，也標誌著三國時代徹底地進入晚期了。

這個世上，唯一一個可以和司馬仲達等量齊觀的天下大才走了。

舞臺上，只有一個主角了。

三國何其多才，諸多星宿大神紛紛降世。最後一位大神用一生中五十年的時間，向我們展示了一個文官如何在天下大亂中在連續三任英才之主下，一步步地完成了蛇吞象的謀國之路。這是中國歷史上的唯一現象。

當初你裝病，被曹操揪過來開始了你的劇本，司馬宣王，該你再一次裝病了。

第 *12* 戰

高平陵之變：三百年大悲哀的邏輯原點

一、司馬氏必然興旺的家族密碼

司馬懿這位中國歷史上劇本綜合性堪稱第一的篡臣代表，將為我們展示一個職場青年，是如何用四十三年的時間，完成了一個小秘書為篡國奠基的基本過程的。

由於司馬懿這輩子最後翻轉的名氣太大，對手諸葛亮又是中華民族的文化圖騰與脊樑，而且哥倆曾經正面對抗過，這就讓這哥倆在人們腦海中的形象不僅截然相反，還喜感爆棚。

人們對於司馬懿，往往呈現的是兩種極端的看法：要麼是不屑，老小子太陰了，活活等死了多少人啊；要麼是崇拜，老爺子太牛了，憋屈了這麼多年然後一桿清盤。

兩種極端態度下，人們對於他人生底色的認識其實殊途同歸，這就是隱忍！

司馬懿的人生道路，為我們提供了一種非常值得玩味的人生哲學：最大程度地保全自己，並擴大自己家族的利益。窮，則獨善其身；達，則壯大其族。

你無法說這種人生觀是錯的，你也不能說司馬懿完全就是個極端的

利己主義者，人家也是走到哪裡，提拔到哪裡；主政哪裡，哪裡就搞全民大生產。

從功能上來說，他和丞相對於一個政權的效果是一樣的。

諸葛亮從一出道就作為丞相培養，最終用不大的舞臺跳出了世界巨星的效果；司馬懿則是一步一步地走完職場生涯，並在解決各種問題的過程中磨煉了自己，最終挑大樑。

兩個人，都是己方政權的建設者、努力者，以及頂級救火隊員。

同時代的最終為吳國殉國的大臣張悌說過這麼一段話：「諸葛、司馬二相，遭值際會，托身明主，或收功於蜀漢，或冊名於伊、洛。丕、備既沒，後嗣繼統，各受保阿之任，輔翼幼主，不負然諾之誠，亦一國之宗臣，霸王之賢佐也。」

張悌的立場已經算是比較客觀了，在當時人看來，除了司馬懿最後那一哆嗦之外，他和丞相一輩子幹的事確實是一個級別的，連人設都基本一致！

諸葛、司馬兩位帝國大才的唯一區別，在信仰方面。

由於丞相早年喪父，少年顛沛流離，自己早早地就頂家過日子，我們無從知道丞相早年的心路及成長經歷，我們只知道，他一出山的時候，就是完整型人格，然後一輩子踐行自己的信仰，直到鞠躬盡瘁，死而後已。

司馬懿這輩子，卻大多讓人猜不透，比如他到底是真的不想去曹操那裡上班嗎？比如他什麼時候對東家動的心思？等等。

人們對於他這輩子能肯定的就是最後這一哆嗦，老陰謀家一出手，曹家就沒有！

前面，全是謎。不過，在這重重迷霧之中，我們還是能看出端倪的。這個端倪，是父親的教育。

我們一旦將司馬懿的父親司馬防拽進來一塊品讀，司馬懿的種種抉擇，就好懂得多了。三國乃至中國歷史中最會佈局賽道的家族非司馬家族莫屬。

四百年前，有一個趙國的年輕將軍出身武術世家，剛上班沒多久，國就被滅了。這個年輕將軍叫作司馬卬。

這個時代比較匆忙，司馬卬沒失望太久西楚霸王就出山了，他看準大腿縱身抱上，成為滅秦的前期元老，還帶兵平定了河內郡，成為項羽分封天下的十八個諸侯王之一。

又沒過兩個月，劉老三從漢中竄了出來，迅速平定關中，雄赳赳氣昂昂地跨過函谷關，作為兵家必爭之地河內郡的王，司馬卬迅速地又抱上了劉邦的腿，成為剿滅前大哥項羽的所謂五十六萬聯軍的出資股東。

之後就是震驚天下的彭城之戰了，項羽的三萬騎兵把劉邦的五十多萬兵馬打得七零八落，這次司馬卬還沒來得及再抱腿，就很遺憾地死在戰場上了。

司馬卬很遺憾沒能看到後面幾年華夏大地精彩絕倫的劇本，他的家族也沒有趕上西漢的開國封王紅利。

事實證明，也挺好的。趕上的那幫異姓王後來連人帶族地都讓劉邦一鍋端到地府去了。

「禍兮福所倚。」司馬卬算是死了他一個、保全他一家，司馬氏在河內郡開始了積累與蟄伏。這一蟄伏，就是三百年。

東漢中晚期，他家又出來了一個將軍，征西將軍司馬鈞。此時是漢羌戰爭，少數民族很兇猛，能過招的基本都得是人家關西本土將軍，混出來的涼州三明人家都是關西人。

司馬家可能基因裡面就跟隴西犯克，「河內人在隴西」的戲從來就唱

不好，司馬懿在隴西品嘗了人生最大失手。後來司馬炎提起這片土地也是一腦門子官司，老祖宗司馬鈞先生幾乎以零勝率的戰績成為羌族人民喜聞樂見的口碑將軍，並最終因在115年的作戰不力被問罪後自殺。

司馬鈞在戰場上沒有繼續進步，但也沒有禍及子孫，他的兒子司馬量官至豫章太守。這個司馬量，是司馬懿的太爺爺。

雖然豫章郡在當時屬於老、少、邊、窮地區，但司馬量好歹也算是一方首腦了，司馬家從此時開始往文官轉型。沒辦法，祖上的鮮活例子就是司馬家儘量還是要離刀兵遠一點。

到了司馬量的兒子司馬儁，也就是司馬懿的爺爺時，司馬家迎來了小爆發，司馬儁當上了潁川太守。

潁川人才庫幫助魏武打天下，這個地方在當時屬於中國的文化中心，有能量的士族超級多。

司馬氏的老家在河內郡，這個地方有點兒類似於超級重要的戰略位置，物資儲備樣樣豐富但卻缺乏人才底蘊，士族大戶比較少，跟潁川根本沒法比。

司馬儁在這個時間段恰到好處地成為潁川一把手，為今後自己家族的上升埋下了重要的伏筆。沒有潁川的關係，基本上是沒什麼可能在曹魏時代混出頭來的。

更重要的是，司馬家最關鍵的家族優良基因從此有據可查了。司馬儁自113年一直活到了197年，活了整整八十四歲，歷經八朝。

司馬儁肯定不會想到，他司馬家祖傳的長壽基因五十年後將永遠改變歷史的走向！

到了司馬懿他爹司馬防這輩兒時已經官至京兆尹了，這個級別按說和司馬儁比算是又進步了，都幹進中央了，不過這還不算什麼，司馬防

這輩子最大的功績還是對於小一輩兒的教育與栽培。

他生了八個兒子，老大叫司馬伯達，老二叫司馬仲達，老三叫司馬叔達，老四叫司馬季達……因為過去管「一二三四」稱為「伯仲叔季」，所以司馬防老爺子的意思就是：司馬大達，司馬二達，司馬三達，司馬四達，以此類推。

直到老八司馬敏行冠禮的時候，司馬防老爺子為其起名司馬幼達，表示金盆洗手，下了這輩子就努力到這兒的決心。

司馬防不僅高質量地產出了「八達系列」，為後面政變親兄弟、禪代父子兵的前仆後繼提供了巨大的人才保障，還在中央擔任尚書右丞的職位時，舉薦了一個二十歲的洛陽不良少年，這個人我們很熟悉了，就是人狠話更多的曹孟德。

司馬防老爺子的所有歷史貢獻就到此為止了。後面的這些年，就堪稱如何在最亂的世道保全自己和家族的金牌教科書了。

袁紹導完皇權崩塌的大戲票房被董卓全部搶走後跑了，朝局落入奸賊之手，接下來開始上演洛陽「官場現形記」，各路人物開始粉墨登場：有認賊作父的，有逼良為娼的，有曲意逢迎的，有奮起反抗的，有暗中憋招的，臺上那叫一個精彩。

司馬防屬於最後一種，人家什麼也沒幹，就擱那兒看著，按時打卡上下班，取消所有娛樂活動，閉目養神。後來董卓遷都長安，司馬防二話沒說乖乖地跟著走，你讓我幹什麼我就幹什麼。雖然一面溫潤柔軟，但另一面，司馬防開始暗地裡佈局家族的第一輪亂世大選擇。他安排長子司馬朗率家眷回老家，自己光桿司令般地跟著獻帝來到長安。

再後來董卓死，李傕、郭汜對打，郭汜挾持百官當人質，司馬防乖乖地當人質。

再後來獻帝東歸，被一路各種阻擊，百官受了大罪，司馬防平安歸

來。是多麼艱苦的一條路啊，各種豺狼虎豹導致死亡率極高，但瞅瞅人家司馬防這體格！

再後來，曹操迎獻帝於許昌，身為漢臣的司馬防開始養老退居二線，但與時俱進地推出了自己的大兒子司馬朗去曹操那裡上班，二兒子司馬懿卻被摁在家裡稱病療養。

這個時候你就看出來司馬家押注的藝術了，永遠不在一個盤口上押上全部。

老爺子世受皇恩，是標準的大漢遺老，跟皇室同生共死過。曹操現在把獻帝接走了，老爺子仗著當年對曹操有恩開始養老，防止將來曹操幹出什麼亂七八糟的事，把他扯進去。

如果將來大漢緩過來了，我可是有履歷與豐碑故事的。

老大司馬朗去曹操那裡上班，畢竟當年我是你小子的推薦人，也該你投桃報李照顧我兒子了。

老二你先等等，曹操這小子最後混成什麼樣還不一定，袁紹虎視眈眈，你先別表態。

司馬防這輩子最大的成功，在於家庭教育。他家的那「八達」，看見他那叫一個規矩，老爹不讓坐絕不坐；老爹不提問，誰也不敢說話。[1]

司馬防老爺子一輩子滿臉嚴肅，從不開玩笑，喝酒吃宴席的時候都威儀不減！業餘愛好就是看《漢書》中的名臣列傳，據說熟到能背。

以史為鑒是沒錯的，西漢這兩百年中劇本極其精彩，自劉邦開始幾乎每個皇帝都特點鮮明；自蕭何開始，大多數名臣的人生閱歷也極其豐富。

1　《三國志·司馬朗傳》：諸子雖冠成人，不命曰進不敢進，不命曰坐不敢坐，不指有所問不敢言，父子之間肅如也。

以史為鑒中，司馬防看到了周勃、陳平如何通過隱忍掀翻了呂氏；看到了霍光如何通過隱忍最終成為廢帝的最牛大臣；看到了王莽如何通過隱忍成為全民的道德楷模。

司馬防以身作則地為家族子弟們樹立起了家族信條：做人，要耐得住寂寞，要忍得住屈辱，要扛得住打壓。所有笑到最後的，全是忍到最後的。所有半路現眼的，全是沒忍住的。

198 年，曹操拿下河內郡，正式地跟在老家的司馬「八達」接觸上了，在官渡之戰前期，司馬家第一達出山。

在這裡專門說一下司馬大達司馬朗。

司馬朗在這個超級大亂世幹了什麼呢？他被老爹部署回老家後，能夠花錢找門路逃出來，頂著家門過日子。[2] 他能準確地判斷出來天下即將大亂並找到出路，遷全家去了有軍隊關係的黎陽。[3] 他對鄉親們提出預警，非常有鄉土大族的責任感，雖然後來只有同縣趙諮跟他一塊兒去了，但他做到了仁至義盡。

幾個月後，河內大屠殺上演了。

需要注意的是，這回禍害百姓的鍋不能甩給董卓手下那些人，而是關中聯軍幹的。[4]

當時駐軍河內的領導是袁紹。某種意義上，這也是後來司馬朗沒去袁紹那裡的一個重要參考。

2　《三國志·司馬朗傳》：朗知卓必亡，恐見留，即散財物以賂遺卓用事者，求歸鄉里。

3　《三國志·司馬朗傳》：到謂父老曰：「董卓悖逆，為天下所仇，此忠臣義士奮發之時也。郡與京都境壤相接，洛東有成皋，北界大河，天下興義兵者若未得進，其勢必停於此。此乃四分五裂戰爭之地，難以自安，不如道路尚通，舉宗東到黎陽。黎陽有營兵，趙威孫鄉里舊婚，為監營謁者，統兵馬，足以為主。若後有變，徐復觀望未晚也。」

4　《三國志·司馬朗傳》：後數月，關東諸州郡起兵，眾數十萬，皆集滎陽及河內。諸將不能相一，縱兵鈔掠，民人死者且半。

曹操和呂布打上拉鋸戰後，司馬朗又帶著全家回了溫縣，在全國性大饑荒的兩年，司馬朗盡了最大的努力去保全宗族，教育弟弟們，並沒有因為天下大亂看不到希望就忽略了對家族的教育。[5]

　　這僅僅是個二十出頭的小夥子！

　　司馬懿、司馬孚就是在這樣的環境下，在大哥的庇護下，成人、成才！

　　司馬朗眼光長遠，知道趨利避害，明白教育對於家族的意義，知道世道崩壞但家道不能凌亂，再結合司馬懿、司馬孚對於子弟的培養教育，我們可以清晰地看出來，一個家族的門風對於家族的壯大有多麼重要！

　　是二十歲的司馬朗年紀輕輕就大徹大悟，知道怎麼做人了嗎？怎麼可能！這其實是祖訓家風的耳濡目染和有章可循後的系統性成才。

　　司馬防之所以能夠放心地將家族託付給這個長子，也是因為對自己的家教心中有數！知道這孩子扔出去肯定沒問題！

　　去曹操那裡的前十年，司馬朗作為治郡之才一直幫助曹操治理與袁家勢力交界的地方。司馬朗政策寬惠，愛民勤政，深受百姓愛戴。

　　208年，司馬朗被曹操征辟為丞相主簿，進入中央參與國事，正式成為曹操的心腹之臣，在這個任上，司馬朗提出了州郡領兵的軍制建議。[6]

　　這是個非常關鍵的基石性國策！

　　因為這項國策，曹魏的州郡兵招募與培養被納入地方大員的工作考核項中。比如裴潛作為襄樊會戰中曹操最後的預備隊趕到摩陂後，因為治軍優異被專門提出表揚。

5　《三國志·司馬朗傳》：時歲大饑，人相食，朗收恤宗族，教訓諸弟，不為衰世解業。
6　《三國志·司馬朗傳》：以為天下土崩之勢，由秦滅五等之制，而郡國無蒐狩習戰之備故也。今雖五等未可復行，可令州郡並置兵，外備四夷，內威不軌，於策為。然州郡領兵，朗本意也。

這也是曹魏在三國時代這個超級亂局中，雖然經常四面八方火起，卻通常火勢就地被迅速撲滅的根本原因！

像孫權時不時蹦躂那幾下，豫州地區基本上就本土消化了，都用不著中央軍前來幫場。

更加重要的是，曹魏州郡領兵的制度確定後，整個中國北方的少數民族，如烏桓、匈奴、西羌在被曹操打哭後，全都被邊境州郡有效地控制了。

小冰期在三國時代達到了冰點，曹操在這個史上最崩盤的「宗教造反＋軍閥混戰」的夾擊下突圍而出後，將本該應運天時大爆發的民族問題全部武力解決了！

漢末崩塌後，南匈奴一度飲馬到了黃河邊，烏桓成了東北邊境的超級大勢力，羌、氐大股份入股了西北數十軍閥，並霸佔了整個關中涼州。

但是，曹操五百里浪襲烏桓，親手肢解匈奴為五部，打崩關中數十部的漢羌民族聯軍，氐族更是被拆遷得滿世界流浪！

後面所謂亂華的那五胡，在這個時代連檯面都上不去！誰來也不好使！兩晉時期的五胡卻能把中原大地攪翻天？因為有太多的制度、引以為傲的風骨被兩晉集中引爆毀滅了，比如說司馬家自己提出來的州郡領兵制度！

二、五胡亂華的邏輯根源

司馬朗做丞相主簿提出州郡領兵一段時間後，被調到曹操的起家之地兗州當刺史，這是曹操要對其重點培養了。在兗州任上，司馬朗又是贏得朝野上下的一片好評。

217年，已經被曹操作為全能人才培養的司馬朗隨夏侯惇、臧霸征東吳，碰上了瘟疫，司馬朗由於身兼治軍任務，在以身作則巡視軍營時染病，不久命終。

司馬朗這種級別的人才，無論是在吳還是在蜀，都是要被當作第二屆領導班子核心進行培養的。

吳和蜀給人的感覺，是禁不起死人才。就那幾個，死一個就少一個！這一年魯肅死了，吳徹底地失去未來；夷陵之戰時，馬良死了，最後街亭之戰丞相上的是馬謖。

司馬家的走向復興並沒有隨著已經成為曹操高管的司馬朗的離去而戛然而止。因為在十年前，他家二小子司馬懿也出山了。

208年，司馬懿來到曹操家打工。《晉書》是這麼說自家宣王的。

201年，曹操讓司馬懿來上班，他認為漢室國運已衰，不想屈節於曹

操，藉口風痹病，身體不能起居而拒絕了曹操，[1] 隨後開始長期裝病。

　　期間據說曹操還沒出息不死心，派人刺探過這位癱瘓小夥，被司馬懿裝死成功地糊弄過去。

　　208年，曹操已經當丞相了，再次調司馬懿來上班。這次曹操對手下有交代：「再廢話，給他綁過來！」[2] 司馬懿在這種高壓態勢下，勉強就職。

　　這段歷史，基本上古往今來的看法是：編的。

　　第一次他裝病的時候曹操正忙著平定河北，而且曹操天天最大的困擾就是自稱人才太多，辨別起來費工夫，連縣長劉備聽說有個人叫「臥龍」的時候最開始還惦著讓徐庶帶過來面試，但曹操可沒功夫搭理他。

　　第二次就更搞笑了，司馬師小朋友在這一年都出生了。

　　司馬懿夫人懷孕這事兒在當時看來不僅僅是「身殘志堅」的故事，這對於司馬家的聲譽將是極大的損害！真要有這一齣，估計早早就成爆炸性新聞了。司馬宣王這麼謹慎的人，對陣諸葛丞相貼身緊逼不下腳的主，怎麼可能在媳婦身上剎不住車！肯定是決定入仕了，才會主動地放飛自我。

　　為什麼此時就能入仕了呢？因為此時中國北方已經清晰，袁家已經完蛋，此時司馬懿入仕並不存在雞飛蛋打的情況，這是符合司馬家的家族規劃的。

1　《晉書・宣帝紀》：魏武帝為司空，聞而辟之。帝知漢運方微，不欲屈節曹氏，辭以風痹，不能起居。

2　《晉書・宣帝紀》：魏武使人夜往密刺之，帝堅臥不動。及魏武為丞相，又辟為文學掾，敕行者曰：「若復盤桓，便收之。」

更重要的是，司馬懿第二次來上班可不是被恐嚇來的，是當時的集團二把手、潁川掌門人荀彧舉薦的。[3]

司馬懿終其一生都感激荀彧的這份情，當他回首這位大漢曾經的頂樑柱、被曹老闆逼死的合夥人時，感慨地說過：「算上書裡面的人物，這一百幾十年的都算上，也沒有人能比得上我當年的這位恩師推薦人！」[4]

司馬懿後來報恩提攜荀氏家族，潁川荀氏也迅速地倒向了司馬氏，這兩個家族的政治結合意義非凡，以荀彧子荀顗為首的潁川荀氏為西晉的開國立下了汗馬功勞，算是間接地報了當年老爹被逼喝藥的仇。

總體來說，司馬懿腰不酸、腿不疼，生孩子也有勁兒了的原因是以下三點：

1. 此時曹操已經大概率地終結亂世。

2. 上班的崗位是去給曹操當文學掾。

3. 舉薦人是集團的二把手荀彧，和潁川集團搭上了關係。

那麼為什麼晉史要來這麼一段呢？因為這位司馬宣王作為一個打工的，把人家家業給偷了嘛！

史書只能寫最開始宣王是不想去曹操那兒的，跟曹操最早就不對付，不相為謀，曹操非得讓他去，還幾十年不放心他，他為曹家辛辛苦苦那麼多年，曹操卻一直說他有狼顧之相，實在是太欺負人了！最後他徹底對曹家寒心了，然後一怒之下，把曹家踢一邊了。

基本上曹操一朝，我們看到的司馬懿的記載就是趁熱滅蜀、勾結孫權這種賈詡般的判斷精準，以及曹操一個勁兒地提醒曹丕「司馬懿這小

3　《後漢書·荀彧傳》：彧又進操計謀之士從子攸，及鍾繇、郭嘉、陳群、杜襲、司馬懿、戲志才等，皆稱其舉。

4　《彧別傳》：書傳遠事，吾自耳目所從聞見，逮百數十年間，賢才未有及荀令君者也。

子不是個好東西，你千萬要小心」「這小子扭頭像狼，我做夢夢見三馬食一槽，太嚇人了……」

其實曹操如果真夢到了所謂的「三馬食一槽」，真的在乎司馬懿的「狼顧之相」，他是不會把這個人留給自己兒子的。更不可能放心讓司馬懿從一上班就一直作為曹丕的近臣幫他搭班子。

曹爺這輩子殺人就沒眨過眼！曹操死前，殺的是曹植的楊修，而並沒動曹丕的司馬懿。在他看來，楊修這個四世三公的反對派是他接班人的禍害，而司馬懿並不是。

總體來說，在這麼難伺候的一個主面前，司馬防、司馬朗、司馬懿這爺仨給曹操留下的印象是相當棒的。

所謂的「狼顧之相」與「三馬食一槽」更多像是後世的杜撰。目的就是為了給「無可奈何」的司馬宣王創造理由。因為司馬家族的此次篡權是前面從來沒有出現過的孤例。

他家登頂缺乏兩項關鍵背書：

1.天下不是司馬懿打下來的。

2.篡權的時候，司馬懿沒有王莽那樣的超級品德。

別說跟高祖、王莽和光武相比了，他跟曹家也真的比不了，首先大半天下是曹操親手打下來的。更關鍵的是，漢室崩塌後獻帝叫花子的模樣是有目共睹的，是所有人都公認漢家氣數已盡了。所以曹魏繼承天命時，至少「天命論」還是能說服別人的。也就是說，劉家失德讓天下大亂，曹魏終結了亂世是大功德，是能者代之！

自司馬懿開始，放出了第一個魔鬼。這個魔鬼叫作：「原來拿下所謂的天命只要牢牢控制住權力就可以了！」皇帝真的沒有什麼神秘的！誰都可以當！

過去是外戚牛了以後，可以呼風喚雨，但只要皇帝還是姓劉的，實

際上對整個國家的內耗不大，東漢晃晃悠悠一百多年都沒事，人口總量近五千萬。

一旦權臣準備自己當皇帝了，就要開啟兩個模式：

1. 對幫著自己篡權的勢力，要大規模地分紅。

2. 對敵視自己篡權的勢力，要大規模地消滅。

前者會讓中央的權力分散並冒出更多龐然大物的家族。後者會讓原本龐大的總量在內耗後被大大地減弱。

再往後的推演就是：

1. 那些漸漸變成龐然大物的家族，也會做你今天的夢。

2. 隨後一輪輪的內耗會把原本蘊含巨大能量的漢民族變得一次比一次虛弱。隨後，少數民族的勢力開始有能力胡馬南下了。

司馬懿一入仕，就進入了第二梯隊的曹丕團隊。[5]更有意思的是，在他進入曹丕團隊後不久，家裡的老三司馬孚也入仕了，去的是曹植的團隊。[6]

再算上此時在第一梯隊曹操那裡，大哥司馬朗也是大紅人，也就是說，司馬家的四個人，分別在四條線路上進行了站隊：

老爺子司馬防站在大漢那邊；

大兒子司馬朗跟著曹操；

二兒子司馬懿跟著曹丕；

三兒子司馬孚跟著曹植。

就這家族規劃，就問你服不服！

可得好好學歷史啊！司馬防老爺子的《漢書》不是白背的！生殖能力和歷史知識結合到一起後是能改變家族命運的！全都謹言慎行！全都好好念書！全都成為好產品，去不同的賽道下注！每條線都有信心長成

5　《晉書·宣帝紀》：於是，使與太子游處，遷黃門侍郎。
6　《晉書·司馬孚傳》：魏陳思王植有俊才，清選官屬，以孚為文學掾。

參天大樹，這是多麼自信的產品投放思路。

更加可怕的是，老三司馬孚在工作中得到了曹植的認可，但太子之位決出勝負後，司馬孚居然無縫對接地又跳回到了曹丕這條線上！[7]

跳回來不難，難的是這位「有前科」的司馬孚居然在小心眼兒的曹丕上位後深得重用！

品出來這是一個多麼可怕的家族了嗎？

當你身邊臥著這樣一個家族的時候，你怎麼能靠一個人的生病與否就判斷他們家族已經大勢已去了呢！

當干係重大之時，深讀一個人要品他和他家族的履歷與過往，而不要看他現在的表現。無論是擇偶還是選關鍵夥伴，切記！

司馬懿這些年的履歷，基本就是得到了重量級人物（崔琰、荀彧）的誇獎，以及廢寢忘食的工作，曹操不斷地詆毀，曹丕不斷地維護，然後就是幾次精準的判斷。

215年，曹操征張魯，司馬懿隨軍，在拿下漢中後，司馬懿勸曹操，趕緊趁機拿下蜀地，曹操沒聽。

219年，曹丕已在兩年前成為太子，司馬懿升任太子中庶子，「每與大謀，輒有奇策」，成為東宮第一參謀，與陳群、吳質、朱鑠並稱「四友」。

這一年，司馬懿開始上前臺建議，說荊州刺史胡修粗暴、南鄉太守傅方驕奢，他們都不應駐守邊防，曹操又沒聽，結果關老爺一打過來，這二位果然投降了。

關老爺威震華夏後，曹操準備遷都，司馬懿和蔣濟都說：「遷都後整

7　《晉書·司馬孚傳》：魏陳思王植有俊才，清選官屬，以孚為文學掾。植負才陵物，孚每切諫，初不合意，後乃謝之。遷太子中庶子。

個淮河漢水一線就人心盡喪了，現在關羽坐大，孫權肯定不高興，讓他們咬去吧。」[8]

　　司馬懿的這次關鍵建言，在曹魏政權的緊要關頭，起到了至關重要的作用。

　　沒過兩個月，220年開春，曹操病逝，司馬懿被任命管理喪葬諸事，內外肅然，迅速地安定了人心。

　　司馬懿的春天到了。因為曹丕是典型的「自己人我就愛死你，誰得罪過我我就弄死誰」的人格。

　　除了甄妃以外，當初所有幫他的、讓他喜歡的人，他全都給予了至情至性的回報。而所有當初得罪過他的人，全都沒有好下場！

　　曹植就不說了，舉個最恐怖的例子，他當年找曹洪借過錢，曹洪不開眼捨命不捨財，結果曹丕仇恨的種子播種了好多年，上位後找碴，居然以賓客犯法的名義要殺掉這位救過他多命、傾家蕩產支持革命的叔叔，最後還是卞太后玩了命說情才給救回來的。[9]

　　司馬懿作為當初幫助領導出謀劃策的謀士，在曹丕即魏王位後受封河津亭侯，轉丞相長史。

　　十一月，魏受漢禪的關鍵時刻，曹丕任命司馬懿為尚書，不久轉督軍、御史中丞，封安國鄉侯。轉年，免督軍官職，升任侍中、尚書右僕射。

8　《晉書·宣帝紀》：是時漢帝都許昌，魏武以為近賊，欲徙河北。帝諫曰：「禁等為水所沒，非戰守之所失，於國家大計未有所損，而便遷都，既示敵以弱，又淮沔之人大不安矣。孫權、劉備，外親內疏，羽之得意，權所不願也。可喻權所，令掎其後，則樊圍自解。」

9　《三國志·曹洪傳》：始，洪家富而性吝嗇，文帝少時假求不稱，常恨之，遂以舍客犯法，下獄當死。群臣並救莫能得。卞太后謂郭后曰：「令曹洪今日死，吾明日敕帝廢后矣。」於是泣涕屢請，乃得免官削爵土。

都是關鍵崗位啊！

222年和224年，曹丕兩次伐吳，司馬懿開始以後方大當家的身份坐鎮許昌，又被封為向鄉侯。

225年二月，再升官，任撫軍大將軍，假節，領兵五千，加給事中、錄尚書事。

司馬懿人生中第一次碰到了軍權。

司馬懿對於這個封賞是很小心的，開始辭讓，曹丕說：「我就是想讓你一天到晚地給我幹活，這可不是什麼榮耀，是為我分憂罷了，別客氣了。」

曹丕對司馬懿曾經深情地寫過這樣的詔書：「曹參有戰功，但國以蕭何為重，以後我在東面，你總管西面，我在西面，你總管東面。」[10]

曹丕在位的這六年中，司馬懿基本上就是在後方幹大總管的活，類似於當年劉備托孤前，丞相在成都幹的那一攤兒。司馬懿也盡忠職守，幹得非常棒，你讓他這個時候動老闆的心思是不太可能的。此時曹家牛人太多，分分鐘拍死他！

不過，上天開始懲罰曹家。曹操戎馬一生，最後六十六歲走人，自他走後，他的兒子全部沒有活過四十歲。後來這個規律延續到了他的孫輩。壯年而亡的宿命甚至擴散到了他的整個家族！

曹家本來人才輩出，但短命的宿命開始莫名其妙地給歷史強行改道。

曹家的崩盤不局限於洛陽，是全國各地頂樑柱的集體崩盤，所有曹操一手帶出來，選拔出來的曹家人才沒有幾年都以各種各樣的原因走人

10　《晉書・宣帝紀》：吾深以後事為念，故以委卿。曹參雖有戰功，而蕭何為重。使吾無西顧之憂，不亦可乎……吾東，撫軍當總西事；吾西，撫軍當總東事。

了。

就不說曹操屠城的那些暴行了，單說一條，還記得當年，他在兗州、豫州大肆盜墓的事情嗎？

曹操作為中國歷史上唯一一個以四戰之地兗州為根據地殺出來統一中國北方的大神，背後的物質基礎，就是靠軍屯與盜墓，分別解決了軍糧和軍餉的問題。

他幹的最大一票，是盜了梁孝王劉武的墓，盜得金銀財寶數十萬斤，曹操嘗出甜頭後設置了發丘中郎將和摸金校尉的職位，專門負責盜墓，轄區內「無骸不露」。

曹操這一輩子實用至上，解決問題的方法向來簡潔易行、成效顯著。

不過，有的禁忌，確實是不能碰的。刨墳掘墓從古代傳統來講，會斷子絕孫。

幾千年來，中國人都講究入土為安、人死為大。幾千年來，凡是國祚長久的，沒有一個政權敢在這種事上開玩笑。

劉邦當年那麼流氓，楚漢爭霸打得這麼艱難，都不敢打墳墓的主意！

要知道，他大本營的不遠處就是震古爍今的始皇陵，而且前面已經有過挑頭的了，項羽就把始皇陵刨了。

劉邦不僅沒跟著刨，後來還派人專門給沒大他幾歲的嬴政兄看墳。

曹操死後，下令要薄葬。他知道，厚葬會被盜。他也怕自己遭報應。

你靠挖死人墓發的家，你死後的遺產自然也會被別人挖走。人家可不僅僅惦記著你那墓，人家要的是你這輩子的所得。

有句話叫作「菩薩畏因，凡夫畏果」。大多數人都是倒霉了的時候才想起來當初不應該；大智慧的人則時時刻刻地提防著那個不善的「因」，因不善，果必不善。

在做每一件認為欠妥的事之前，你就應該仔細地問問自己，在絕不空過的報應到來之時，你悔不悔？

三、石亭之戰中司馬宣王的角色扮演

226年五月，四十歲的曹丕駕崩，臨終時，托孤曹休、曹真、陳群和司馬懿輔政，對兒子曹叡說：「這是老爹給你選的黃金陣容，千萬別猜忌。」[1]

最早，在曹丕的構想中是這麼佈置的：由宗室中的曹休掌管江淮軍權，曹真掌管雍涼軍權，夏侯尚掌管荊豫軍權，以此保證軍權在曹家人手裡；陳群作為三朝元老、潁川大族代表，做文官之首，當形象標桿；司馬懿作為幹實事的核心骨幹，保證魏國的日常運轉。

這個佈置，算是極其豪華。

但是他沒有料到，他佈置的掌握軍權的曹家的這個黃金陣容的成員距離和他再次見面沒有幾年了，甚至還有去前面等他的！

曹丕死前兩個月，都督荊豫的夏侯尚壯年而亡，曹丕還沒緩過神來再做安排自己也死了，然後孫權趁著曹魏國喪出兵夏侯尚轄區的襄陽，司馬懿因此臨危受命被推向了前線，生涯首戰擊敗諸葛瑾，斬張霸，拿

---

1 《晉書·宣帝紀》：及天子疾篤，帝與曹真、陳群等見於崇華殿之南堂，並受顧命輔政。詔太子曰：「有間此三公者，慎勿疑之。」

下首級千餘閃亮歸來，遷驃騎將軍。

人是有命的，比如你是曹魏的將領，軍事生涯如果開啟在東線則是非常美妙的職業起步；要是在西線就糟糕了，基本上整天擔驚受怕的，真打起來不求有功，但求無過。

司馬懿就挺有福氣，由於夏侯尚的突然死亡，曹家的人才培養階梯被打斷，短時間內找不到一個能夠挑大樑的。無奈下，曹叡將軍權放給了司馬懿這位最靠譜的外姓人（別笑，*此時此刻司馬懿就是曹丕留給他最靠譜的存在*）。

227年六月，司馬懿人生中第一次染指了大軍區級的司令職務，駐紮宛城，加督荊、豫二州諸軍事。

接下來沒多久就趕上了孟達預謀自己的下一次「出嫁」，被漢丞相借刀殺人後，司馬懿拉開了他侵略如火的軍事生涯序幕，孟達「很有幸」地成為三國兩位大神人物合力幹掉的投降積極分子。

曹叡登基後先是嚷嚷著要打蜀漢，結果被孫資勸住了，既然西邊比較猛，不好打，那還是找「孫十萬」練級吧。

曹叡決定打孫權其實有兩個關鍵的原因：一個是物流方便，沿途各路都有水系；另一個，則是因為對面有源源不斷的「脫南者」。

曹叡上位的第一年，韓當的兒子韓綜就投降過來了。

韓當是誰呢？自孫堅時就跟著孫家混的老將軍，孫策東渡時就能獨自帶兩千兵平三郡，一輩子功勳卓著，征劉勳，破黃祖，討山越，戰赤壁，襲江陵，戰夷陵，老將軍一個沒落下，全是主力。

這麼牛的老革命，結果在他死了不久後，兒子韓綜就投降曹魏了，而且從此成為反孫權的先鋒軍。具體原因是什麼呢？史書上是韓綜淫亂不軌，有叛亂的意願，雖孫權因為他爹是韓當沒說什麼，但記載韓綜害

怕了，於是帶著娘家的部曲投降曹魏了。[2]

這個原因其實非常牽強，因為淫亂不叫罪名，不軌沒有理由，韓綜叛變的原因大概率不是這個。

孫權這輩子從來沒吃過啞巴虧，賠本之後老孫依樣畫葫蘆，要賺曹休一筆。韓綜叛變的轉年，孫權的鄱陽太守周魴也給曹休送信了，表示希望歸附。

曹休為什麼要相信周魴呢？三個原因：

1.韓綜的榜樣在前，這都成反攻江東的主力了，江東眾叛親離了。

2.周魴給曹休寫了七封情真意切、有理有據的投降信。

3.最關鍵的一點，孫權頻繁地派中央特派員去周魴那裡搞巡查、做督導，徹查了周魴及其手下，最終逼得周魴剃髮謝罪。

其實很有可能不久前韓綜的叛變也是這種原因。

孫權要在老一代走人後進行中央集權的嘗試了，所以頻繁地找碴。這回以此為藍本賺一把曹休。

曹叡開戰之前專門諮詢了司馬懿。

司馬懿是這麼說的：「夏口（武漢）跟東關（鄂州）是江東的心喉，如果派陸軍攻打皖城，引孫權主力東下，我這邊帶著荊襄水軍向夏口，乘其虛而擊之，這就是神兵天降，孫權就完蛋了。」[3]

司馬懿是什麼意思呢？就是讓東線的曹休去配合他作戰，打皖城將夏口的水軍調走，隨後他順漢水而下去偷襲夏口。（見圖12-1）

2　《三國志·韓當傳》：權征石陽，以綜有憂，使守武昌，而綜淫亂不軌。權雖以父故不問，綜內懷懼，載父喪，將母家屬部曲男女數千人奔魏。

3　《晉書·宣帝紀》：吳以中國不習水戰，故敢散居東關。凡攻敵，必扼其喉而 其心。夏口、東關，賊之心喉。若為陸軍以向皖城，引權東下，為水戰軍向夏口，乘其虛而擊之，此神兵從天而墜，破之必矣。

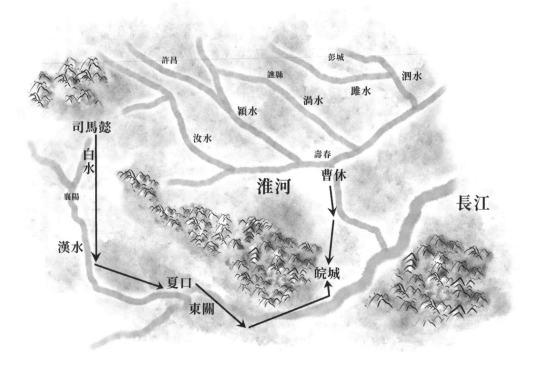

圖 12-1　司馬懿伐吳構想圖

曹叡這孩子是多麼英明：你已經擒孟達立下大功了，怎麼可能再讓我曹家的元帥給你打配合！

曹叡下令三道征吳，遣司馬懿自漢水、揚水而下打江陵，曹休督諸軍向皖城，賈逵督四軍向東關。（見圖12-2）

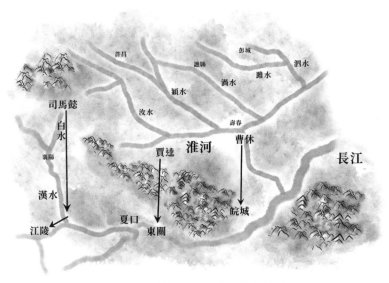

圖 12-2　曹叡伐吳部屬圖

三個人誰也別玩牽制，誰打下來是誰的。

此戰，曹叡可謂傾國而來，東西兩頭全都是大兵壓境，曹休那邊精兵十萬，司馬懿這邊曹叡加派了張郃督關中諸軍受司馬懿節度。

曹叡打算一口氣打死孫權！但是，他其實還不如不給司馬懿派張郃。因為司馬懿的西路軍很有意思，他以等張郃的名義根本沒出發，沒出軍的理由是冬天水淺船不得行。[4]

4　《三國志・張郃傳》：至荊州，會冬水淺，大船不得行，乃還屯方城。

要知道曹休那邊秋九月在石亭都大敗了，此戰最初的佈置肯定是在夏秋之際甚至更早。那時候可並非冬天水淺，二爺淹于禁那可是秋天。

司馬懿磨磨蹭蹭的，什麼意思呢？在等曹休那邊的戰報。

人家之前就說了，讓「陸軍以向皖城，引權東下」嘛！曹休要是贏了，孫權會舉國之力馳援，水再小他也會南下；曹休要是輸了，就賴冬天水小。

司馬宣王人生的精髓就是一本《孫子兵法》，這齣戲叫作「先勝後戰」。

千萬別瞧不起這些小算計，《孫子兵法》用了非常大的篇幅講解戰前的廟算：「夫未戰而廟算勝者，得算多也；未戰而廟算不勝者，得算少也。」

只不過司馬懿廟算的角度不是國家，而是自己而已。

石亭之戰，吳國大勝，魏國大敗，大概說一下此戰的情況和幕後的故事。

吳國勝利有以下兩個方面：

1.曹休拿吳國不當回事。

曹休自曹丕繼位後開始來到東南，牛刀小試地擊破了孫權的歷陽屯，還打過了長江，燒了蕪湖營數千家，取得了誰也沒想到的戰果。

曹休開始全權負責東南戰區，此後的戰績全都是「破之」。

從張遼時代開始，曹魏的東南方面軍就從來沒再拿孫權當回事。只要你下了船，就是你還跑不跑得了的問題！

曹休此次帶大軍走了沒多久，其實就已經知道孫權算計他了，但是根本不當回事！

2.吳國運氣特別好。

曹休深入大戰後沒打動陸遜還吃了虧，隨後退還石亭。

注意，此時並沒有大敗，但是這天夜裡，軍中驚了，於是吳軍趁亂開始收割大追擊。[5]

吳國此次本來有機會一雪前恥，本有機會斷曹休後路，但最終戰果卻僅僅「斬獲萬餘，牛馬騾驢車乘萬兩，軍資器械略盡」，並沒有給曹魏造成毀滅性的打擊。

這裡面也有兩個原因：

1.吳國的基因問題。

吳國從最開始就都是將領自己出部曲的，都是私兵，比如陸遜從大山裡抓土著去當兵，那都是自己的財產，孫權主政都多少年了，根本沒整理過戶籍呢！

此戰前夕，朱桓進計，說：「曹休是關係戶，腦子不好使，肯定會敗，敗退必走夾石、掛車兩險道，要是在這裡埋伏上一萬人，咱就妥妥地贏定了！我請求去帶隊斷其後，弄死曹休，隨後取壽春，割淮南，打到洛陽去！」[6]

正理來講，這是個絕對的好戰略規劃。但是陸遜不同意，孫權隨後拍板否了。

是孫權和陸遜腦子都有毛病嗎？怎麼可能？一個算計別人一輩子沒吃虧，一個忍了一輩子滿世界懟人。

陸遜否決的原因很簡單：憑什麼讓我當炮灰阻擊曹休，你去幹斷後打劫的活兒？

5　《三國志·曹休傳》：休深入，戰不利，退還宿石亭。軍夜驚，士卒亂，棄甲兵輜重甚多。
6　《三國志·朱桓傳》：休本以親戚見任，非智勇名將也。今戰必敗，敗必走，走當由夾石、掛車，此兩道皆險厄，若以萬兵柴路，則彼眾可盡，而休可生擒，臣請將所部以斷之。若蒙天威，得以休自效，便可乘勝長驅，進取壽春，割有淮南，以規許、洛，此萬世一時，不可失也。

孫權為什麼聽陸遜的呢？萬一大家心裡不平衡了不盡力了呢？萬一擋不住人家曹休呢？這可是陸戰啊！多少年沒贏了！

2. 魏國的基因問題。

曹魏的國防是中央軍，為中堅力量，各地州郡兵和建國初期的各將部曲軍為輔。總體來講，兵更多的是國家的，所以使喚起來不心疼。

比如後來救曹休的豫州刺史賈逵，兩個人本來關係不怎麼樣，但是因為後來被曹叡詔命與曹休合兵，曹魏軍制有著戰敗會受連累的原因，賈逵就表現得特別不計個人得失，玩了命地馳援救曹休。[7] 要是沒有賈逵，曹休這回基本上就沒救了。[8]

此戰後，由於受了詐降在智商上被黑了一把，再加上陸戰居然被吳國大勝，以及救自己的居然是跟自己關係一直不善的賈逵。三料打擊下，曹休這肚子窩囊氣活活地把自己氣死了。

就這樣，繼夏侯尚後，又一位曹家宗室將領過早地離開了。

曹真頂了曹休的缺，司馬懿爬到了軍界第二人的位置。

兩年後，即230年，由於丞相多次北伐，曹真上書請求伐蜀，曹叡批准，要給蜀點兒顏色看看，升司馬懿大將軍，加大都督，假黃鉞，配合大司馬曹真一起伐蜀。

曹真走子午谷，司馬懿走漢水，曹真和司馬懿分別遇到了大雨，都是生生地把大軍給澆回來了。

但是神奇的事情再次發生了，曹真回去就病了，沒多久也死了。曹叡的兩次征伐，分別搭進去了他的兩位好叔叔。

曹真剛死，漢家丞相就出動了。

7　《三國志·賈逵傳》：乃兼道進軍，多設旗鼓為疑兵，賊見逵軍，遂退。逵據夾石，以兵糧給休，休軍乃振。

8　《三國志·賈逵傳》：及夾石之敗，微逵，休軍幾無救也。

就這樣，231年，司馬懿作為救火隊員前去救火，並在強大敵人的威懾下獲得了西北的兵權。[9]至此，司馬懿分別在曹魏三大軍區的兩個，有了一把手的履歷與資源。

　　一提到司馬懿，往往印象都是此人在西北培植了自己的勢力，其實人家總督荊州、豫州也幹了五年。這份履歷在後面他換曹家房本的時候同樣非常關鍵。

　　隨後就是司馬宣王被漢丞相的各種埋汰，司馬懿碰到了人生中的最強對手，丞相在隴西把司馬懿打得根本張不開嘴，而且糧也斷了，眼瞅要憋死在隴山！

　　後來靠著蜀漢後方李嚴的神助攻，司馬宣王得到救贖等走了漢丞相，隨後他派一再提建議的二把手張郃繼續貼身緊逼搞追擊。結果軍界資歷上比他豐富的張郃意外地被諸葛亮反殺。至此，老將們都死絕了。

　　此時距離曹丕死，僅僅過去了五年！

　　司馬懿成為整個魏國的軍界臺柱子。

9　《晉書·宣帝紀》：天子曰：「西方有事，非君莫可付者。」乃使帝西屯長安，都督雍、梁二州諸軍事……

四、為什麼首都定於邊境是一柄雙刃劍？

隴西慘案後，司馬懿驚魂未定的同時徹底地活明白了，思考出了與丞相對戰的密碼，他開始抓緊時間在關中和隴西搞大生產運動，為下一次貼身緊逼做準備，而身在漢中的丞相也在攢糧食準備發大招。

秦嶺南北，同時代兩個中國頂尖的綜合型人才在各方面展開了角力。

234年，諸葛亮在五丈原的秋風餘暉下名垂千古，司馬懿則成為兩件歷史大流量事件的笑料主角。一個是丞相送來的時尚女裝大禮；一個是丞相遺命的雕像退敵大禮。

其實仲達先生很不容易，把孔明先生都熬死了，一點兒地方沒丟，還想怎麼著？

隨後司馬懿在關中算是享了三年的福，算上之前的三年多，在這六年多的時間裡，司馬懿在關中提拔、籠絡、培養了一大批力量，將整個西部的武官資源攥在了手中。這股力量，雖然並沒有在他的那場驚天政變中起到什麼作用，但卻造福了子孫。

他死後，生前沒有經略過的淮南地區問題層出不窮，但雍涼地區卻永遠是司馬家的鐵票倉，在司馬師、司馬昭大腦袋的時候，從來沒給兩

位公子添過亂，而且在司馬換房本的關鍵時刻，平西蜀的表現亮眼、突出！

237年，已經實際統治遼東半個世紀的公孫家族的第三代掌門人公孫淵跟孫權眉來眼去，還對魏公然不敬。曹叡震怒，派荊州刺史毌丘儉出任幽州刺史前去討伐，毌丘儉不利而還。

隨後公孫淵背叛魏國，自立為燕王，置列百官，定都襄平，南通孫權，聯絡鮮卑擾亂北方。

公孫家在當了半個世紀的東北王後，出了個不安分的舵手。很遺憾，他碰上了一個不好惹的領導人。

七月，曹叡詔青、兗、幽、冀四州大造海船。半年後，船差不多了，238年正月，曹叡自關中召回司馬懿，命他搞定東北叛匪。

走之前，曹叡問司馬懿：「估計多久能回來？」

司馬懿說：「走百日，戰百日，休六十日，返百日，整一年。」

曹叡在此次出征中，對司馬懿表示了完全的尊重與信任，不設副官，任由司馬懿隨便打。

其實司馬懿此時是非常痛苦的。他已經感覺到了曹叡對他的不信任以及削權的佈置，朝廷裡對他的非議一直就沒斷過。

六十歲的老頭兒了，不僅僅要把他從西北調出來，還要千里之外地征伐遼東去消耗他的生命和精力。

曹叡表面上給出了超級待遇，不僅全面信任地讓司馬懿隨便打，還命司馬孚、司馬師陪他到溫縣老家給他抖威風。

司馬懿是什麼反應呢？給了曹叡一個完美的回答。

他寫了一首歌：「天地開闢，日月重光。遭遇際會，畢力遐方。將掃群穢，還過故鄉。肅清萬里，總齊八荒。告成歸老，待罪舞陽。」

表示自己一定好好地幹。最後一句話，幹完這一票，我就去封地待

罪。領導您放心，讓我平穩著陸吧，我這輩子為了你家不容易啊！

你說他此時有篡曹家的想法嗎？怎麼可能！

曹叡是少見的英武之君，此時年富力強，還讓他去東北玩命，他此時滿腦子想的都是如何平穩著陸。但是，誰也沒想到，這是他最後一次看見站著的曹叡。

遼東為什麼難打呢？因為入遼東的這幾條道都不好走，而且遼東郡西面還有泥濘遍地、無法通行的遼澤。（見圖12-3）

圖 12-3　入遼東路線圖

盧龍道我們就不用說了，有年頭沒走了，三百里沒有水，當年曹操就是差點兒死在那裡。

理論上來講，大軍基本上只能經傍海道入遼。因為沿路糧食可以由海船隨時補給，給養成本低。

但是傍海道經常被大雨或者海浪沖毀，大軍根本沒法走，這條路直到遼宋時期隨著海平面的下降和人們活動範圍的擴大才算徹底成型。

疑問又來了，你可以等非雨季傍海道乾燥的時候去打他啊！很遺憾，那裡是東北，西伯利亞冷空氣常年是駐場嘉賓，除了夏天基本上仗還沒打士兵就會凍死一半多。

這種噁心人的路況和夏天的短暫窗口期使得遼東一旦形成了割據勢力，對於中原政權來講就非常難受！

這一年運氣不錯，司馬懿走傍海道，成功入遼。

最開始，公孫淵聽說司馬懿來了，於是向孫權求救，孫權搞了搞軍事演習，還給公孫淵送了封信：「司馬公善用兵，變化若神，所向無前，深為弟憂之。」

孫權的主要目的就是告訴公孫淵：你就別亂打了，老老實實地待著吧，千萬別跟他野戰。

公孫淵的對敵辦法是步騎數萬，阻遼隧（遼寧海城市高坨子鎮），堅壁而守，距司馬懿南北六七十里。

其實從司馬懿的戰前規劃來講，只要他成功地走到遼水邊上，這仗就贏了一大半了。

司馬懿先是聲東擊西地向南將公孫淵大軍調走。隨後偷渡遼水直接奔襲襄平。

諸將問司馬懿的作戰思路，他說：「賊堅營高壘，是打算磨咱們的士氣，現在跟他野戰則正中其計，這成當年王邑在昆陽給劉秀送禮了！現在他大兵都在這裡，老窩一定空虛，咱現在要攻其所必救，直指襄平則敵軍恐懼，恐懼就會求戰，我就把他調動出來了！」

司馬懿整陣而過直奔襄平。

公孫淵軍看到情形不對，果然玩命地往司馬懿那邊趕。結果被司馬

懿野戰狂屠，三戰全勝！

兩百年前，岑彭晃過秦豐偷渡漢水拿下制高點阿頭山後，並沒有以阿頭山為漢水南岸的「諾曼底登陸點」去等秦豐來奪，也並沒有穩定陣線後去西面找襄陽的麻煩打通南下通路，而是令士兵在山谷中伐木，開闢出了一條小路，又放棄了阿頭山，撲向了秦豐的大本營黎丘。

岑彭的神奇基本不具備可複製性，誰學他保準又變成了一個「背水一戰」的失敗模仿者。

看上去風騷走位、帥氣無比的岑彭，此時犯了兩個兵家大忌：

1. 他放棄了所有退路。

2. 他失去了穩定的給養。

司馬懿現在也是如此，他奔襲襄平實際上是放棄了退路和糧道！

不過，岑彭和司馬懿看似找死，實際上是捅了對手的死穴。死穴在於對手的「定都」和阻擊點選得有問題。

岑彭根本不用擔心給養不夠的問題，因為秦豐肯定會被他牽著鼻子，迅速地找他來決戰，勝負很快就能見分曉。

為什麼秦豐一定會迅速地來找岑彭決戰？

因為如果秦豐不迅速出現，自黎丘以南就都會得到這樣一個消息：「漢軍已經打到咱老窩了，老大生死未卜，漢軍已經佔領大半個中國了，哪兒的飯不是吃啊！咱快換個老闆吧。」

秦豐政權面臨土崩瓦解。

此時公孫淵的死穴也一樣，大本營離著前線太近了，在國防戰略層面上根本沒有緩衝。近到司馬懿可以短期內忽略糧道問題直接撲向他的老窩，而他一定會跟著來！

司馬懿出征之前，跟曹叡廟算的時候說，公孫淵的上計是帶著隊伍逃跑。他要是真躥了，我們不可能永遠駐軍於此，等我們一走，人家就

收復失地了。

司馬懿圍城襄平後（見圖12-4），城裡人會認為：

1.前線的大軍完蛋了。

圖 12-4　襄平位置圖

由於遼東軍的所有家屬和家底全在襄平城，所以此時被司馬懿甩在身後的公孫淵全軍無論如何都要緊緊地跟上司馬懿！

1.要讓城內的守軍知道：大軍並沒有完蛋，不要投降。

2.要讓隊伍裡面的人放心：自家的老小都還在，不要崩盤。

3.最重要的一點：領導人都在城裡。

但是，公孫淵被司馬懿調動出來了。公孫淵不再堅壁高壘了，運動戰能打得過見過太多世面的天下第一陸軍嗎？

延伸一下，<u>丞相</u>為什麼沒辦法調動司馬懿呢？因為<u>魏國</u>太大，沒有所謂的攻其所必救！要是<u>曹魏</u>定都<u>長安</u>，司馬懿無論怎樣都得被調動！

理論上來講，不搭理司馬懿，餓他一個禮拜，公孫淵必勝！但是，

不存在這種理論上的可能，因為戰爭是一種以國力為基礎，由人性、權力、信心等綜合因素疊加在一起的遊戲。根本就由不得你！

再延伸說一下，帝制時代，首都定在邊境線上永遠是一柄雙刃劍。優的一方面在於邊境線永遠是國家最強力量所在；劣的一方面在於國運一旦不行或者出現強大對手的時候，戰略層面將非常被動！

政治問題、經濟問題、民心問題一旦通通摻雜進軍事部署要考慮的決策環節時，很多兵法中的妙招將全部失靈，無法使用！

因為那裡是首都！

三戰全敗後，公孫淵率敗軍退回襄平，司馬懿進軍圍城。

這個時候大雨來了，平地數尺深。三軍大恐，全都建議移營，司馬懿表示，敢說移營者斬！都督令史張靜犯令，斬之，軍中乃定。

襄平城中仗著大水，出城砍柴放牧。諸將表示要打一仗，司馬懿根本不聽。

軍司馬陳圭說：「咱當年攻上庸，八部並進，晝夜不息，結果十六天拿下孟達，現在怎麼換了風格呢？」

司馬懿說：「當年孟達人少而他的糧食能吃一年，咱們的人四倍於孟達而咱們的糧食卻吃不了一個月，以一月圖一年，怎麼能不玩命地打！現在賊眾我寡、賊饑我飽，區區大雨，早晚得退，怕什麼！我現在不擔心賊與我對戰，就怕他逃跑，跑了我就得在東北長期剿匪了！現在對面糧已經快沒了，咱劫他的牛馬就是逼他逃跑，咱們身陷大水中，他跑了咱又追不上！」[1]

雨停了以後，曹軍合圍，公孫淵跑不了了。

1　《晉書‧宣帝紀》：今賊糧垂盡，而圍落未合，掠其牛馬，抄其樵采，此故驅之走也。夫兵者詭道，善因事變。賊憑眾恃雨，故雖饑困，未肯束手，當示無能以安之。取小利以驚之，非計也。

司馬懿起土山地道，楯櫓鉤橦，發矢石雨下，晝夜攻城。城中糧盡，出現了人吃人的現象，將軍楊祚等降。

與此同時，夜有長星自襄平城西南流於東北，墜於梁水，城中震懾。公孫淵大懼，派自封的相國王建、御史大夫柳甫乞降。司馬懿不許，把這幾個人抓起來全砍了。

司馬懿給公孫淵送了個信：「能戰當戰，不能戰當守，不能守當走，不能走當降，不能降當死耳！你甭跟我要心眼兒了！你不來親自投降就是不打算活了！」

公孫淵窮途末路，率數百騎兵攻南圍突出，被司馬懿縱兵擊敗斬首。

司馬懿入城後，殺死公孫淵任命的所有公卿和將軍畢盛等兩千餘人，男子年十五歲以上的約有七千餘人全被殺，隨後築成京觀（死屍金字塔），震懾東北。

不久，遼東、帶方、樂浪、玄菟四郡皆平。

剿平公孫淵後，司馬懿在襄平城中夢到了曹叡枕在他膝上，說：「視吾面。」他一低頭，發現曹叡臉色已經不對了。

後來回軍的路中，司馬懿接到了一個反常的詔命，讓他直接回去鎮守關中。[2] 如此滅國大勝，司馬懿連回洛陽的資格都沒有，而是直接讓其回關中。司馬懿已經開始感覺到了不對勁，曹叡那裡肯定出事了！

但是，詔書明明白白地寫著讓他走！他又沒辦法抗旨，司馬懿只能聽旨。

當走到白屋時，又有詔書召他火速回京。接下來三天內，中央五次詔書飛奔而來。[3]

2　《晉書・宣帝紀》：詔帝便道鎮關中……

3　《晉書・宣帝紀》：及次白屋，有詔召帝，三日之間，詔書五至。

曹叡手書說：「間側息望到，到便直排閣入，視吾面。」趕緊來，到了直接進宮，見面說！

司馬懿看到曹叡的手書終於明白自己的那個夢和去關中的任命是什麼意思了！曹叡快不行了！

本來沒他的事兒，都給他支關中去了，但此時不知為何又要對他托孤了！

雖不知發生了什麼情況，但他此時已經在權力角逐上躺贏了！

權力的修羅場上向來瞬息萬變，司馬老爺子害怕再有什麼變化，急乘追鋒車晝夜兼行，一夜飛奔四百多里，趕到曹叡床邊。[4]

六十歲的老頭兒，以當時的路況一夜狂奔四百里，居然沒給顛死，你說年輕時不養個好身體行嗎！人家遠征了一趟東北，在大雨裡面也跟著泡著，來回一年的時間就在路上顛簸，最後又玩了把「極品飛車」。什麼事業，拚到最後都是拚身體。

曹家受到的詛咒再度開啟了，曹叡年三十六，也不行了。

司馬懿不知道，他這輩子權力場上第二兇險的時刻，就是在他此次回軍的路上！這也是他人生中唯一的一次，命運並沒有掌握在自己手中。

歷史差一點兒就把他的劇本徹底地奪走。曹叡其實早就對他有防備了。

丞相離去後，曹家整個西半部開始集體大鬆心，雍涼解甲，中國釋鞍。體現在曹叡這裡，就是丞相死後轉年的開春就趕緊上馬工程蓋宮殿！爺們兒可得享受享受了！

曹叡的名臣、「祥林嫂兼半仙兒」高堂隆開始了對曹叡的各種規勸。

4　《晉書·宣帝紀》：乃乘追鋒車晝夜兼行，自白屋四百餘里，一宿而至。

曹叡大興土木，取回長安大鐘，高堂隆上疏說：「從前周景王不沿遵文王和武王的德行，不理會周公旦的制度，既鑄造了大錢，又建造大鐘，周朝國運因此而衰弱，這些都記錄在史，作為永久的借鑒。現在有小人勸您好好地享受生活，這是迷惑您啊！求取大鐘這樣的亡國之器，勞民費時，有傷於德政，這是自取亡國，可不是什麼振興禮樂啊！」

不得不說好神奇，自打曹叡開始玩命地蓋宮殿後，蒼天就開始各種各樣的示警，又是著火又是出現彗星的。後來崇華殿遭火災，曹叡問高堂隆：「這是什麼災禍呢？」

高堂隆說：「上不節儉，下也不會節儉，所以會引來大火，君王大修高臺，天火作災，老天爺在示警啊！讓災異告訴陛下，陛下應該尊崇人道，愛惜民力，以順天意。」

高堂隆一直在說，曹叡那邊一直在聽，當然，僅僅是聽，該造的園子一點兒不見少，看見老高頂多不好意思，老高也不氣餒，反正只要有個由頭，就一直在曹叡邊上嘀嘀：「咱不能再蓋了，要愛惜民力，您快歇會兒吧，蒼天又示警了……」

曹叡上馬陵霄闕工程後，有喜鵲在上面築窩，曹叡比較好奇，又問了高堂隆：「這個又預示什麼呀？」

高堂隆再次引經據典：「《詩經》說：『喜鵲築窩，鳩鳥居住。』現在興建宮室，蓋陵霄闕，喜鵲築窩，這是宮室未蓋成，陛下不能居住的徵兆。老天在說，您在為別人家蓋這個宮殿呢！」[5]

高堂隆的這次勸諫，可以名留青史了，政治寓意非常深刻，「鳩佔鵲巢」是什麼意思誰都明白，在政治圈子裡面，這是非常高端的隱喻。

5　《三國志‧高堂隆傳》：天意若曰，宮室未成，將有他姓制御之，斯乃上天之戒也。

因為高堂隆這次嚇唬得比較厲害，曹叡確確實實走心了！[6]

後來高堂隆病重了，已經無法寫字了，只能口述示警了，又對曹叡說了這麼一段：「本朝開天闢地之初，上蒼曾發出警告，宮裡燕子巢穴中發現有一雙怪鳥全身豔紅，應該嚴防鷹揚之臣，以免禍起蕭牆。[7]趕緊佈置你曹家自己人去把住軍權啊！你現在太單薄了！」[8]

估計是知道自己快不行了，高堂隆開始不怕得罪人了，直接明碼示警了！

高堂隆幾乎就是明白地告訴曹叡：「小心司馬懿那老小子呀！」

曹叡聽進去了嗎？

聽進去了！

6　《三國志·高堂隆傳》：於是帝改容動色。
7　《三國志·高堂隆傳》：臣觀黃初之際，天兆其戒，異類之鳥，育長燕巢，口爪胸赤，此魏室之大異也，宜防鷹揚之臣於蕭牆之內。
8　《三國志·高堂隆傳》：可選諸王，使君國典兵，往往棋跱，鎮撫皇畿，翼亮帝室。

五、怎樣才叫真正控制了皇權呢？

司馬懿在西北這些年，把大西北弄得服服帖帖的，在一些曹魏忠臣眼中，他已經成為隱患了。

高堂隆死後不久，曹叡就把司馬懿調去打遼東了。

都是出來混的，自然都有各自的信息渠道。司馬懿當然知道朝中的這些傳言，他心中其實是有準備的，也常以忠臣狀表態，比如他給曹叡獻鹿，比如出征遼東前高水平的拍曹叡的馬屁：「當年周公為成王營建洛邑，蕭何為高祖造未央宮，現在讓您沒地方住是我的責任啊！要打仗了，您還是先緩緩再上馬工程吧。」[1]

一句話包含了兩個信息點：

1.間接將自己比作周公和蕭何。這兩個人有兩個特點，一個是能幹，一個是忠心。這是誇他自己呢。

2.讓您沒地方住都是我的問題，現在為了國家我要獻忠言，為了打仗您先不要大興土木建宮殿了。

1　《晉書·宣帝紀》：昔周公營洛邑，蕭何造未央，今宮室未備，臣之責也！然自河以北，百姓困窮，外內有役，勢不並興，宜假絕內務，以救時急。

反覆表達的就是自己的忠心耿耿、大公無私。

他榮歸故里時唱的那首「告成歸老，待罪舞陽」是什麼意思呢？再次向全世界表態，全心全意地認慫並希望平穩著陸。

他絕對是知道自己的政治前途已經陰雲密布了，這次出征就是人生終戰，要麼累死在遼東，要麼功成後回來養老，不會再有什麼機會了。

不過誰也沒想到，他去東北探險的這一年，年紀輕輕的曹叡先不行了！

曹叡臥病在床時，已經感到自己時日無多了，他在第一次安排後事時，安排了燕王曹宇、曹爽、曹肇等宗室大臣輔政。

曹宇是曹叡的叔叔，曹操的兒子。曹爽是曹真的兒子。曹肇是曹休的兒子。曹叡自己的三個兒子都早早地死了，曹家的帝室一脈不僅壽扛不住了，連孩子都養不活了。

曹叡雖然不行了但卻沒有糊塗，他的顧命大臣中，都是清一色的宗室子弟。篡不篡權的已經顧不上了，只要最後殺出來的還是曹家人，只要魏國的權力還是在自家人的血脈下傳承，就不算辱沒了祖宗。

接下來的故事，提醒我們，人無論何時，不到真真正正地攥緊了權力後，永遠不要嘚瑟地說狠話。你要做的，要像司馬懿一樣，一直忍！忍！忍！忍到自己徹底成為那個掌控大局的人為止！

這幫宗室托孤大臣中，除了自幼謹慎穩重的曹爽之外，剩下的人都和老臣集團有糾葛。

曹家的老臣們都早早地隨曹丕而去了，但很多外姓的老臣卻一直硬硬朗朗的，這幫曹家的年輕人總認為老臣應該麻溜地把手中的權力給讓出來，但權力這東西，誰願意撒手啊，這就使他們之間產生了巨大的矛

盾。

有矛盾很正常，權力過渡向來血腥，不過這幫新生派比較狂，夏侯獻和曹肇有一次看見大殿前的一棵樹上飛來一隻雞，怒道：「這雞也嘚瑟太久了，看牠還能活幾天！」[2]

他們的這句話，後來傳到了很多人的耳朵中，有兩個關鍵人物也聽到了，他們的命運也即將被改變。

曹操時代就掌管機要的秘書劉放、孫資已經掌權二十年了，他們判斷這幫小年輕將來會收拾他們，於是決定自我拯救。[3]

被托孤的一號人物曹宇自從曹叡要不行了以後就始終陪著曹叡，時間一分一秒地過去，劉放、孫資的機會越來越小。

甲申日，曹叡要嚥氣，曹宇下殿喊曹肇去商議曹叡死後的權力分割問題，僅僅留了曹爽一個人隨時觀察情況。[4]

這個時候，同樣在曹叡身邊的劉放迅速地喊來了孫資商議。

孫資說：「咱還是別拚了。」

劉放說：「慫沒有用！咱哥倆就要進油鍋了！還猶豫什麼！」

兩人突然跪到曹叡那裡，哭道：「您要是有個三長兩短，天下託付給誰啊？」

曹叡說：「你們不知道我安排給了燕王嗎？」

劉放說：「陛下忘了先帝詔敕藩王不得輔政了嗎？況且陛下剛病，曹肇、秦朗等便與才人侍疾者言戲，燕王擁兵南面連臣等都入不了內了！您才寢疾數日就已經內外隔離社稷危殆，臣等實在是太痛心了！」

曹叡急火攻心，怒問：「那誰行啊？」

2　《世語》：殿中有雞棲樹，二人相謂：「此亦久矣，其能復幾？」

3　《漢晉春秋》：中書監劉放、令孫資久專權寵，為朗等素所不善，懼有後害，陰圖間之……

4　《漢晉春秋》：甲申，帝氣微，宇下殿呼曹肇有所議，未還，而帝少間，惟曹爽獨在。

當時曹叡身邊只有曹爽。曹爽跟誰都不為敵，從小就謹慎、厚重，老爹曹真的人緣也很棒，於是劉放、孫資說：「曹爽！」

曹爽嚇得汗流滿面，老臣們馬上踩曹爽示意謝恩，隨後二人又推薦了老同事司馬懿共同輔政，平衡宗族與外臣的勢力。[5]

劉放、孫資出去拿印鑒，這個時候諸曹那邊也得到信了，曹肇闖進來開始沒完沒了地哭，曹叡突然醒悟了，曹爽這小子肯定搞不過司馬懿，於是讓曹肇趕緊去叫停孫資、劉放。[6]

曹肇出門去喊那兩位，劉放、孫資也得到了信，躲開了曹肇又回到了曹叡身邊再次沒完沒了地勸諫！關鍵時刻，做了幾十年領導秘書的孫資、劉放再次說服了曹叡維持原議。[7]

但是這一次兩個老臣建議曹叡立刻下詔，曹叡說：「我太累了，不能寫字，歇會兒再說。」[8]

劉放於是爬上龍床，抓住了曹叡的手，強行幫曹叡勉強下詔，然後馬上出宮公布文件，罷免曹宇等人官職，令其不得在宮中停留。[9]

就這樣，司馬懿在別人的殊死政變下，在最後時刻趕上了末班車，第三次進入了曹家的常委班子。

人在重病的時候，生命的所有精華都在保最後那口氣，什麼判斷力、思考力，就全都顧不上了。

重病的曹叡在一次次的拉抽屜中喪失了自己的判斷，將最後的托孤變成了最危險的二元結構！

5　《漢晉春秋》：放、資乃舉爽代宇，又白「宜詔司馬宣王使相參」，帝從之。
6　《漢晉春秋》：放、資出，曹肇入，泣涕固諫，帝使肇敕停。
7　《漢晉春秋》：肇出戶，放、資趨而往，復說止帝，帝又從其言。
8　《漢晉春秋》：放曰：「宜為手詔。」帝曰：「我困篤，不能。」
9　《漢晉春秋》：放即上床，執帝手強作之，遂齎出，大言曰："有詔免燕王宇等官，不得停省中。"

無論安排幾個人，托孤的最終結局也只會是角逐出一家獨大，而二元的權力結構通常是用時最短的！

　　接班人不像自己當年二十二歲登基能迅速地接管朝局，而是僅僅八歲的孩子啊！

　　這也就意味著，曹家的天下未來註定要被控制在曹爽和司馬懿這兩個人手中！

　　如果是曹爽，最起碼他是曹家人。如果是司馬懿呢……

　　景初三年（239）正月，魏明帝曹叡駕崩，曹爽、司馬懿二人共同輔佐年僅八歲的少主曹芳，二人均假節鉞，都督中外諸軍事，錄尚書事，各統精兵三千人，共執朝政。

　　此時司馬懿已經六十一歲了，這也是他入朝的第三十一個年頭。

　　此時他距離時代巔峰，只剩下一個對手了。

　　要介紹一下曹爽了。

　　這孩子自幼厚重，深得曹叡喜歡，在曹家第三代中算是頂尖的翹楚了，而且並不簡單：從他自幼得曹叡歡心能看出來；從他和老臣集團的關係能看出來；從他和司馬懿的前幾年對弈中也能看出來。

　　總體來講，這小子的權力之路走得相當有章法，只不過碰見神演員了。

　　曹芳剛即位時，曹爽和司馬懿還是二人開班子會的，對老前輩司馬懿，曹爽還是相當尊重的，但是他內部的班子成員何晏等人說，曹家的大權不能給別人啊！[10]

10　《三國志·曹爽傳》：初，爽以宣王年德並高，恒父事之，不敢專行。及晏等進用，咸共推戴，說爽以權重不宜委之於人。

曹爽在班子內部討論後，尊司馬懿為大司馬，讓司馬懿在官位上高於自己以顯示尊崇。[11]

結果這個議案扔出去後，曹爽又操縱輿論，表示這個崗位太不吉利了，之前幾位都死在任上了，於是司馬懿被再次提高了一格，成為太傅。

由於太傅的級別太高了，從來都是虛職，這麼大的官再去摻和具體工作就有失國家體面了，司馬懿因此被高規格地擠出了尚書台。[12]

司馬懿的權力不是一口氣被剝奪的，此時他統領禁軍的權力還在。[13]爽隨後又給出了一系列養老政策：入殿不趨、贊拜不名、劍履上殿，以及一系列家屬善後政策：嫁娶喪葬取給於官、以世子司馬師為散騎常侍、子弟三人為列侯，四人為騎都尉。

司馬懿辭讓，子弟也皆不受官，以表示低調（帝固讓子弟官不受）。無可奈何地吃了啞巴虧。

241年五月，孫權四路伐魏，司馬懿以六十三歲高齡主動申請主持了對吳的作戰。可能有兩方面原因：

1. 鞠躬盡瘁、死而後已地奔著和孔明未來並稱「絕代雙驕」的劇本去了。

2. 通過為國征戰保證自己「持節統兵都督諸軍事如故」的軍權不被曹爽找碴奪走。

六月，司馬懿督諸軍南征，還沒到前線，吳軍就嚇跑了，魏軍追上砍了一萬來人，繳獲了一大堆軍用物資。

11　《晉書・宣帝紀》：爽欲使尚書奏事先由己，乃言於天子，徙帝為大司馬。
12　《三國志・曹爽傳》：丁謐畫策，使爽白天子，發詔轉宣王為太傅，外以名號尊之，內欲令尚書奏事，先來由己，得制其輕重也。
13　《三國志・三少帝紀》：太尉體道正直，盡忠三世，南擒孟達，西破蜀虜，東滅公孫淵，功蓋海內……其以太尉為太傅，持節統兵都督諸軍事如故。

天子遣侍中常侍勞軍於宛;秋七月,增封食邑、臨潁,並前四縣,邑萬戶,子弟十一人皆為列侯。

司馬懿達到了人生巔峰,但此時他異常地小心與低調,即使看到官爵比自己低的老鄉前輩,也要下拜。

司馬懿經常教育子弟,告誡子弟月盈則虧,千萬要低調![14]

瞅瞅人家這內功,什麼時候都不飄啊,要不人家最後能竊國呢!人家有這個器量!

司馬懿擊退吳軍進攻後開始與自己提拔的鄧艾著手創建淮南、淮北的軍屯。242年三月,正式上奏,穿廣漕渠,引河入汴,溉東南諸陂,這算是為後來自己的孫子司馬炎滅吳提前奠定好了物質基礎。

曹爽則在司馬懿搞建設的這一年的七月,將司馬懿的老哥們兒蔣濟晉升為太尉,趁機免去蔣濟原執掌禁衛大權的領軍將軍一職,改任其二弟曹羲為中領軍,完成了對司馬懿權力爭奪戰碾壓的最關鍵一步!

先來說一下,這場權力的遊戲中最具代表性的有三個關鍵職位。

第一個:武衛將軍。

這個職位是曹操時代才有的,不過這個新生的職位卻極其重要。

由於丞相這個官職早就沒了,因此曹操復活丞相一職並自己擔任後只能創造出了這麼一個官職來負責自己的安全,相當於曹操的保安團的團長。

第一任的武衛將軍是大名鼎鼎的許褚,當年曹操在渭水「叉腰」就是他全程護衛的。

武衛將軍負責都督中軍,宿衛禁兵,屬于禁軍中最重要的一支力

14　《晉書‧宣帝紀》:恆戒子弟曰:「盛滿者道家之所忌,四時猶有推移,吾何德以堪之。損之又損,庶可以免乎!」

量，一般來說非絕對信任的人，是不會得到這個職位的。

　　曹爽受託孤前的崗位就是武衛將軍，也由此可見他跟曹叡的關係，後來這個位置他給了三弟曹訓。

　　第二個：中領軍。

　　這個職位是禁軍中的最高統帥，負責統領五校尉以及武衛、中壘、驍騎、中堅、游擊等新禁軍，總統所有內軍。資歷深、威望高的，可晉升為領軍將軍，與中領軍職責相同。[15]

　　曹爽擠走蔣濟，安排他二弟曹羲為中領軍。

　　第三個：中護軍。

　　中護軍這個職位在秦時就有，當時叫護軍都尉，後來大漢間諜頭子陳平也幹過這個差事。

　　曹操將護軍改為中護軍，總統外軍進一步拓寬了職能，掌管選拔武官，隸屬於中領軍。資歷深、威望高的，可晉升為護軍將軍，與中護軍職責相同。[16]

　　這個崗位既掌握著護衛洛陽城的兵權，又有選拔控制中下級武官的權力（可選拔的將軍品級並不高，管一二百人的水平：故蔣濟為護軍時，有謠言「欲求牙門，當得千匹；百人督，五百匹」）。不僅容易受賄，還能因為自己的人事特權，培養自己的力量。

　　這個崗位是司馬家族最終能翻盤的關鍵。

　　此時這個崗位的長官是曹爽的表弟夏侯玄。

　　大體上，中領軍和中護軍的權責範圍如圖12-5所示：

15　《宋書‧百官下》：領軍將軍，一人，掌內軍……文帝即魏王位，魏始置領軍，主五校、中壘、武衛三營。

16　《宋書‧百官下》：護軍將軍，一人，掌外軍……魏初因置護軍，主武官選，隸領軍。

圖 12-5　中領軍與中護軍各自職能範圍圖

　　職責上，中領軍類似於漢朝的「郎中令＋衛尉」；中護軍類似於漢朝的「中尉」。

　　再回顧一下曹爽的人事安排。

　　他將司馬懿尊為太傅，剝奪了他「錄尚書事」的資格，但此時老爺子手中還是有禁軍力量的（以太尉為太傅，持節統兵都督諸軍事如故），此時的這個權力應該是由親信蔣濟的領軍將軍來控制。等到242年七月把蔣濟也給「尊」起來後，蔣濟手中最值錢的「中領軍」職位也給弄走了。

　　這是曹爽奪權的最關鍵的兩步。

　　什麼叫把持了朝政呢？在皇權時代，把持朝政有兩點關鍵：

1.你有掌握權力的輸出能力。

2.你有掌握權力的鞏固能力。

權力的輸出能力，錄尚書事，就意味著國家的政治決策等關鍵的拍板權，被握在手中了。權力的鞏固能力，這就是軍權的範疇了。

國家的軍權中，哪個軍種的重要性最高呢？是禁軍。禁軍往往是國家各大軍種中人數最少的，但往往是最精銳的。

它的重要性並非因為精銳，而是因為它的任務是保衛皇權！

以魏國舉例，司馬懿當初在雍涼做大軍區一把手時，能造反嗎？不能。因為兩點：

1.荊州軍區和淮南軍區兩大軍區是保皇的，中央可以直接調兵去勤王，來跟你對打。

2.更重要的是，所有重鎮軍區的帶兵大員都是有家屬在首都做人質的，司馬懿只要造反了，大概率是會被手下人幹掉的。

你的威望再高，也不會有人拋家捨業地跟你去搏這一把！

但是如果司馬懿掌握了所有禁軍，也就是曹爽現在的這個位置，那麼他造反就有著極大成功的概率。因為，掌握了禁軍，也就控制了皇帝，也就有了掌控整個官僚結構的政治手段。

我準備造反了，然後我進宮了，禁軍都是我的人，我下令封鎖洛陽的內城和外城。然後，我進宮把皇帝弄死，弄一個五歲的上位，說是新皇帝，在我的淫威之下，將所有程序蓋章合法走全。

控制中央後，我再跟各地的軍權勢力做交易，擁護我的，封官許願給好處；不擁護的，拿京城的家屬威脅你，然後再釜底抽薪地宣佈你是反動派。那麼你最好的結局，就是帶著少數的鐵桿親信投奔外國。如果在大一統時期，你連跑都沒地方跑了。這就是禁軍的作用。

我們常常說一個皇帝能夠掌控住大權是什麼意思呢？

1. 尚書台裡的人拿意見，最終要等這個皇帝拍板。

2. 禁軍的各將領均被皇帝有效地控制。

只要控制著這兩點，這個皇帝就是大權在握的！只要這兩把刀在，皇帝的權威與力量就都在！地方不是說出不了禍患，而是出了禍患也大概率地能被平下來。

所以曹爽利用老臣們最大的年齡「弱點」，在打出尊崇老前輩的一連串組合拳後，司馬懿雖然位已至尊，但已經被排除出權力的核心了。

太傅並非就是個吃乾飯的，司馬懿這個太傅手中還有非常多的權力，比如選拔人才的中正權，比如都督地方軍區去平叛淮南，等等，但這些權力並非能決定生死存亡的！

綜上，我們再次闡述了皇權核心的兩要素：政務拍板權和皇帝保安團的掌控權。

六、曹爽為什麼要帶著所有的兄弟跟他出城？

曹爽在拿下「錄尚書事＋禁軍」這兩項核心權力的同時，任用了一些曹叡在位時被打壓的浮華子弟，像何晏、鄧颺、李勝、丁謐等，被曹爽招為心腹，擔任了朝中的要職。

丁謐、何晏、鄧颺被封為尚書，何晏還掌管了人事大權，負責選拔官員，李勝被封為河南尹、畢軌被封為司隸校尉（持節，掌察舉百官以下及京師近郡犯法者，有一定軍權）。

這都是次一級的核心官職，可以用心腹了，但像前面提到的禁衛官職，必須要用自己的親戚，最開始畢軌在中護軍擔任領導職務，但後來曹爽就把這個職位調整為表弟夏侯玄了。

243 年秋九月，被從權力中樞排擠出來的司馬懿又督諸軍擊諸葛恪，結果大軍剛到舒城，諸葛恪就跑了。

嚷嚷得挺凶，但司馬懿表示沒有任何壓力，他此時已經混到了令對手「聞其名望風逃竄」的老藝術家境界。

此次來到淮南，在鄧艾的建議下司馬懿確定了滅賊之要在於積穀的戰略方針，開始大興屯守，廣開淮陽、百尺二渠，又修諸陂於潁水南北

萬餘頃。

從此淮北倉庾相望，自壽春到洛陽，農屯和官屯的生產兵團連成一片了！

司馬懿和諸葛亮，這兩位大神有一個永恆不變的命題，就是走到哪兒就建設到哪兒。

司馬懿在關中時搞屯田鼓勵生產，南下平叛時間不長又利用自己的權力推動了兩淮地區的建設。

這是有大功於國家的。司馬懿這輩子一直沒有停止對曹魏的建設與添磚加瓦，如果他這輩子最後不造反，歷史的身後名應該是「大魏諸葛亮」的。

總體來講，一生於魏國有大功啊！

本來，歷史的車輪大有架著司馬懿往忠義名臣的方向上走的，但在曹爽把持朝政的四年後，出現了一個小小的轉機。司馬懿準確地抓住了它。

曹操時代的老臣趙儼鬧著喊不幹了，趙儼是曹爽安排接替司馬懿督關中的角色，曾是他爹曹真的大司馬軍師，現在要告老還鄉。

估計這次趙儼鬧騰回家養老有兩方面原因：一是歲數確實大了；二是關中諸將指揮不動。

趙儼不幹了，必須得有一個人頂上去，曹爽派了自己的表弟夏侯玄去。

夏侯玄這一走，中護軍的關鍵位置就空出來了，比較意外的是，這個位置是司馬師遞補的。[1]

1　《魏略》：玄既遷，司馬景王代為護軍。

這中間到底是如何運作的，史書無載，比較可能的推理是，曹爽讓夏侯玄去督關中，讓司馬懿老爺子給撐撐腰，讓年輕無外放資歷的夏侯玄可以在關中站穩腳跟，因為曹爽還有伐蜀的下一步動作，司馬懿則提出作為交換：你得讓我兒子有個進步的空間。

雙方互相妥協下，此次人事變動遂順利達成。

這成為最後要曹爽命的關鍵人事任命，因為司馬家的嫡系接班人在禁軍中楔進了一顆相當致命的釘子！

這個人事動作，也基本說明司馬懿開始準備反擊了。因為第一次尊他為太傅，剝奪他「錄尚書事」時也給了他家很多政治待遇，但司馬懿全都辭了。這回卻安排他兒子進入重要崗位了。

老藝術家開始磨刀了。

244年，曹爽力主夏侯玄伐蜀。

一般來說握大權後要立大軍功，才算是一整套組合拳打完了，因為畢竟需要有說得出去的功勞才能堵住整個階層的嘴。

曹爽在鄧颺、李勝等人的慫恿下，在吳、蜀這兩個方向選了蜀。這就是沒有常識了，蜀那是能輕易打的嗎？蜀地的天險是鬧著玩的嗎？

對付蜀地，自古基本上都要等它內部亂了、虛弱了才好下手，此時蜀中蔣琬主政，武侯遺風尚在，你能打得動嗎？

當然，也有一種可能，是曹爽為了借這次動兵的機會，將水都潑不進的關中徹底地鬆動鬆動。往往軍隊的歸屬感和人事調整是要通過一次次的戰鬥與演習才能完成的。

曹爽要在關中施加自己的影響力。

於公於私都不能讓司馬懿去打，不過曹爽不聽。

伐蜀的結果非常不理想，曹爽被此時已經挑大樑的蜀將王平悍拒。

伐蜀軍被阻，後方軍糧也供應不上，牛馬大量死亡，成都方面費禕等援軍亦相繼到達，曹爽無奈回軍，還被蜀軍截擊，苦戰之下才退回來，傷亡慘重，還惹得關中一片怨聲載道。[2]

曹爽鎩羽而歸後一年多，245年八月，廢掉了中壘、中堅營（見圖12-6），把兩營兵眾統交中領軍曹羲率領，司馬懿援引先帝舊例制止，曹爽再度不聽，司馬懿還是沒有辦法。[3]

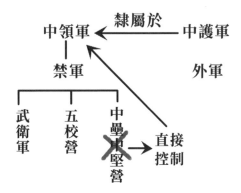

圖 12-6　曹爽廢中壘中監營示意圖

理論上來講，這兩個營是歸中領軍控制的，但由曹爽的這個舉措可以看出來，禁衛兵權裡的中壘、中堅兩營領導很可能是司馬懿的嫡系，是當初直接隸屬於司馬懿托孤時「都督中外諸軍、錄尚書事，與爽各統兵三千人」中的最後力量！此舉意味著司馬家族在禁宮內的所有力量都被驅逐了。

2　《三國志·曹爽傳》：關中及氐、羌轉輸不能供，牛馬騾驢多死，民夷號泣道路。入谷行數百里，賊因山為固，兵不得進。費禕進兵據三嶺以截爽，爽爭嶮苦戰，僅乃得過。所發牛馬運轉者，死失略盡，羌、胡怨歎，而關右悉虛耗矣。

3　《晉書·宣帝紀》：六年秋八月，曹爽毀中壘中堅營，以兵屬其弟中領軍羲。帝以先帝舊制禁之，不可。

247年四月，司馬懿的老伴死了，司馬師守孝去了，司馬懿連中護軍的外軍兵權和主武官選舉的人事權也沒了。

同月，曹爽趁司馬師下崗守孝，迅速對司馬家族展開了總攻，把郭太后遷到永寧宮，斷絕了其和小皇帝見面的機會。

247年四月這兩件事的同時發生，使得司馬懿被曹爽擠兌得徹底混不下去了！

五月，當了一輩子勞模的司馬懿老爺子時隔四十年第二次生病了，從此不再問政事。

關於司馬懿離去的原因官方記載是這樣的：「曹爽用何晏、鄧颺、丁謐之謀，遷太后於永寧宮，專擅朝政，兄弟並典禁兵，多樹親黨，屢改制度，帝不能禁，於是與爽有隙。」

要知道，此時曹爽已經擠兌司馬懿八年了，為何此時司馬懿才與曹爽「有隙」？

司馬師的中護軍下崗倒是其次，最關鍵的是郭太后這最後一根司馬懿楔進權力中樞的釘子被拔走了。

郭太后是曹叡正妻，對曹芳有監護權，會對曹爽最終的決策有一定的影響力。郭家跟司馬家是有關係的，郭太后的從父郭芝後來可是司馬家的排頭兵，給司馬師進言廢掉了曹芳。

郭太后被曹爽趕出了權力中樞，也就標誌著司馬懿對於權力內部的所有消息來源與影響力全失去了！不僅刀沒有了，現在連防彈衣都讓人扒了，失去了所有保護自己的力量！所有的主動權都攥到曹爽手裡了。

已經「全裸」的司馬懿此時選擇了生病。這是一種政治表態，老頭子我認您了，您饒過我全家人的性命吧。

此時的司馬懿家族，基本上處於停盤狀態了，曹爽已經獲得了全面勝利。不過意得志滿的曹爽不知道，有的頂級對手，他一天不入土，這

場權力的遊戲都不算完！

　　有些功力，經歷不夠就永遠發揮不出來；有些見識，歲數不到就永遠體會不明白。

　　曹爽雖然「少以宗室謹重」，雖然已經鬥敗了老藝術家，但他也可以說是一輩子沒受過委屈、沒吃過虧的人生贏家，這輩子就是一直上漲的股票。

　　所有人生的智慧與經驗，都是在無數次打掉了牙嚥到肚子裡的淚水後刻入基因裡的！

　　人生的那些受益終生的大道理中，歸結起來就是一些極其濃縮的短語，比如：謙卑，謹慎，不可縱欲，人要低調，要團結，除惡務盡，等等。這每一個詞語，都需要用一生去品味、去實踐。

　　沒有吃過虧，沒有親身體驗與歷練過，是很難在大富貴降臨後不出問題的！因為大權大貴會有一個如影隨形的巨大衍生品：誘惑！

　　曹爽本是謹慎、厚重的人設，但在天下無敵後，終於扛不住這頂級的誘惑了。

　　曹爽在司馬懿徹底被打倒後，開始變得肆無忌憚，他的心腹何晏敢強行將洛陽、野王典農的數百頃桑田和湯沐地作為自己的產業，又竊取官物，仗著自己主掌官員選拔向其他州郡要好處費，一些得罪了曹爽心腹集團的大臣都因小事而被免官或調整了。

　　曹爽也開始了各種各樣的不正之風，他的飲食、車馬和服飾都與皇帝的類似；甚至私自帶走了曹叡的七八個才人回家做姿；擅取太樂樂器，調武庫禁兵建造華麗的會所，與何晏等心腹在其中飲酒作樂，極盡奢華。

　　權力的大餅向來是你多吃我就少吃。不過生活奢華大概率還是不

會犯眾怒的，因為一朝天子一朝臣，都在這個圈子裡混，你只要說得過去，大家還是默許的。多吃多佔犯眾怒往往是另有別的原因，比如說嘚瑟！

人不患寡患不均，你家裡幾千億我們看不見，我看見你住三居室，一個媳婦，過正常人的日子，你雖然把要緊崗位全安排了，但一個個還都能露出虛偽的謙虛表情，其他人是可以接受的。你看人家司馬懿，邑萬戶，子弟十一人皆為列侯，人家見誰還都鞠躬呢！

你要是佔據了所有上層建築然後跟我們可勁兒地嘚瑟，我們就太不平衡了！

更可怕的是，曹爽一夥動了太多老臣的既得利益！老臣集團開始公開反抗了！

比如老臣孫禮，和曹爽的關係有裂痕後，被調整為并州刺史，在去司馬懿家裡串門時公然說曹爽禍國！[4]

孫禮邊說邊哭，司馬懿是這麼回答的：「別哭了！不能忍也得給我忍！」

少府孫觀因為秉公執法得罪了極盡奢靡的曹爽集團，隨後被調整為太僕。[5]

太尉蔣濟在被從領軍將軍給擠到閒職後，藉著日食的理由上疏抨擊曹爽擅改法度！[6] 蔣濟公然表態：「別瞎折騰了！」

這些老臣的公然憤怒，都被司馬懿看在眼裡。（注意這些名字，後面

4　《三國志‧孫禮傳》：本謂明公齊蹤伊、呂，匡輔魏室，上報明帝之托，下建萬世之勳。今社稷將危，天下凶凶，此禮之所以不悅也。

5　《三國志‧王觀傳》：大將軍曹爽使材官張達斫家屋材，及諸私用之物，觀聞知，皆錄奪以沒官。少府統三尚方御府內藏玩弄之寶，爽等奢放，多有干求，憚觀守法，乃徙為太僕。

6　《三國志‧蔣濟傳》：曹爽專政，丁謐、鄧颺等輕改法度。會有日蝕變，詔群臣問其得失，濟上疏曰：「昔大舜佐治……夫為國法度，惟命世大才，乃能張其綱維以垂於後，豈中下之吏所宜改易哉？」

有關鍵戲份。)

這些曹操時代就混跡江湖的老革命，此時還生龍活虎呢！幾十年來的利益網絡盤根錯節，曹爽這麼生硬草率地進行得罪，還配合著驕奢淫逸，這就犯眾怒了！

曹爽這個集團中也是有明白人的，比如說二號人物、時任中領軍的曹羲。曹羲看到大哥被這幫狐朋狗友帶歪之後甚為憂慮，曾多次勸諫曹爽：「大哥咱別這樣了，成由勤儉敗由奢，人們都看著咱了。」

曹爽不搭理他。

曹羲隨後又寫家訓三篇，內容主題為「驕奢淫逸對家族的巨大危害」，明面上教育的是弟弟與子姪，實際上是側面提醒他哥，曹爽又不傻，當然知道，非常不高興，給曹羲甩大臉子。曹羲很傷心，經常被曹爽氣得涕泗橫流。[7]

曹爽心中很不屑：你又沒玩過那些御用品，你知道什麼啊！

248年，曹爽想去看看已經「病」了一年多的老對手司馬懿，於是派心腹李勝去探病。

李勝去後就看到了這樣的場景：司馬懿已經老得沒法要了，喝粥撒一身，一句話喘半天，耳朵半聾眼半瞎。

李勝回去將見聞報告給了曹爽，曹爽認可了。司馬懿馬上就到七十了，那是古來稀啊！人快到盡頭了是大概率事件啊！

7　《三國志·曹爽傳》：羲深以為大憂，數諫止之。又著書三篇，陳驕淫盈溢之致禍敗，辭旨甚切，不敢斥爽，托戒諸弟以示爽。爽知其為己發也，甚不悅。羲或時以諫喻不納，涕泣而起。

曹爽如果看了司馬家族的履歷就知道了，人家司馬家是祖傳的好體格，活七八十歲向來當玩一樣。而且當年，司馬懿是受過專業訓練的，用裝病都把曹操這個人精給糊弄過去，曹爽你小子還蒙不了？

　　曹爽開始迷戀上權力所帶來的美好，很多時候，城裡已經裝不下他了。他時常玩起出城自駕遊，基本上一出去，就是帶著所有的親信組團。他的同鄉大司農桓範曾經勸過他：「你們兄弟掌握朝政和禁軍，不宜一齊離開，一旦有人在城內鬧政變，你們無法入城掌握大局。」

　　曹爽是不當回事的，因為目前全部的實力被他們家族抓在手裡，司馬懿又是馬上開追悼會的節奏，政變哪是那麼好搞的？

　　其實此時此刻，曹爽擔心自己的兄弟，要遠遠擔心那些反對勢力。

　　此時，所有的禁軍與皇帝本人都被他抓在手中，他是逮誰滅誰的節奏，政變的發動有三個關鍵點：一個是軍隊，一個是威望，一個是皇帝。

　　這三點外人是都沒有的，唯一有威望的那位司馬懿黃土都埋到腦門了，倒是他家的兄弟們是要防範的對象。

　　目前，所有的禁軍掌握在他們哥幾個手中，他掌握大部分，他弟弟們掌握小部分。

　　雖然說是一家子，但自古兄弟間反目的可從來就不是少數，尤其在天下第一的權力面前。如果說可能政變的話，最大的可能性，反而是自己的兄弟！

　　尤其曹爽已經明確知道了，弟弟曹羲對於他的生活方式是看不慣的！

　　誰知道旅遊時，這個弟弟會不會把我踢一邊去呢？所以，不好意思，旅遊的興致我是不減的！但所有掌握權力的兄弟們全都得跟我一塊組團開路！

曹爽的這個心思與已經成為套路的旅遊模式被身在床榻上每天表演流口水的司馬懿看了個通通透透！

所以說，並不是曹爽兄弟們大意最終被司馬懿鑽了空子，而是曹爽日漸膨脹的旅遊欲望與防範自家弟弟篡權的全家出動模式被司馬懿早就盯上後做的精心佈置！

曹爽心裡的算盤打得其實是沒問題的，因為此時所有明面上的軍力全部在他手中掌控著。但是，他有一點算漏了。司馬師！

雖然司馬師守孝在家，但是他當過三年的中護軍！司馬師這個中護軍的職位權力，是可以提拔下級武官的！這也就意味著，司馬師可以利用這個權力培養自己的鐵桿力量！

當年蔣濟當中護軍的時候，貪污腐敗太嚴重，傳言：「欲求牙門，當得千匹；百人督，五百匹。」

司馬懿和蔣濟關係好，有時拿這個調侃老蔣。蔣濟說：「老哥哥別逗我了，洛陽這物價多高啊。」哥倆說完哈哈大笑。

到了夏侯玄為中護軍的時候，選拔的都是世家大族的子弟。夏侯玄家不缺錢，還是宗親，所以不像蔣濟滿腦子都是錢，人家就拿這個崗位作為培養、拓寬上層人脈的機會了。

但是，到了司馬師幹這個崗的時候，套路全變了！司馬師罕見地杜絕了金錢開道和關係開道，一切拿軍中的功勞說話，整頓法令，所有人都不敢再搞不正之風了。[8]

這樣做的好處是什麼呢？

8　《魏略》：玄代濟，故不能止絕人事。及景王之代玄，整頓法令，人莫犯者。累遷中護軍，為選用之法，舉不越功，吏無私焉。

所有過去家裡沒錢、沒背景、本來人生永無出頭之日的絕望的官兵們，在這個金錢與關係至上的時代，突然間有一個人給他們開了一扇窗：只要你努力，只要你忠誠，你就能完成階層躍遷。

　　司馬師為什麼要這樣做呢？

　　因為給你送錢的人，將來不會為你所用；因為走關係的人，將來只會拿關係來還你的情。

　　這種人脈，人家的選擇和退路太多。不可能跟你幹玩命的活兒！

　　只有那種本來沒有機會、沒有未來的人，被你提拔起來後，才會對你感恩戴德！他們知道他們的機會全都在你這兒，所以你指哪兒他們就會打哪兒！他們除了聽你的安排沒有別的選擇！他們的人生本就沒有什麼退路！

　　司馬家族的預謀，有跡可循的開始，大概率是在司馬師244年成為中護軍時開始佈局的！

　　244年到247年，司馬師用這三年的時間，佈置了怎樣的一股力量呢？《晉書・景帝紀》: 帝陰養死士三千，散在人間！

七、司馬懿是如何用有限的力量撬動權力核心的？

公元249年，正月癸巳日，司馬懿決定出擊了。

政變前夜，他和他的接班人司馬師密謀合計。[1]

司馬懿道：「明天就是先皇的忌日了，皇帝和曹爽沒有懸念地都會去高平陵祭祀，咱們該動手了，讓你的三千死士明早集合現身，去把你弟弟和三叔叫來。」

司馬孚和司馬昭被召喚過來，司馬懿將計劃事無鉅細地跟這兩個人說了。

隨後的這一夜，改變了中國的歷史。並非說曹爽被賺，而是司馬師的表現。

總說司馬懿是個預謀已久的篡國陰謀家，實際上，司馬懿這種算計到極致的人精，會單純僅僅有機會了就去搏一把的嗎？

擺在他面前的有兩條路。

1.幹掉曹爽，走篡國之路。

1　《晉書·景帝紀》：宣帝之將誅曹爽，深謀秘策，獨與帝潛畫，文帝弗之知也。

2.幹掉曹爽，恢復自家和老兄弟們的政治權力，以周勃的形象名垂青史。

截至此夜之前，我相信司馬懿的心中仍然是持第二種想法的。因為篡國這種事不是他一個人能幹的！一旦走了這條路，將面臨太大的難度，要經受太多勢力的反撲，此前在統一王朝篡位成功的只有王莽一人。

如果說再把條件放苛刻一點，司馬懿會驚喜地發現，統一的新興王朝中，篡國成功的記錄是零！

這一年他已經七十歲了！他是絕對完不成這個事業了！如果走篡國的路，那就將再無退路！如果過程中出現了一點點紕漏，整個家族將萬劫不復！

接他班的人，有他的本事嗎？

深夜，司馬懿派人去二位公子的窗外偷窺：司馬師鼾聲如雷，司馬昭輾轉反側。[2]

司馬昭的表現可以理解，畢竟剛剛知道明天要去玩命的消息，去他那裡看一眼就是看看有沒有意外驚喜。

考察的重點，是司馬師！

司馬師嬰兒般的睡眠使得中國歷史在這一夜徹底轉舵，司馬懿知道了他長子作為接班人的器量！他要用這四十年的功力和身後之名去走那條最難的路了，因為這小子接得住！

第二天，司馬師的三千死士如地裡面長出來一樣全部就位。[3]三千人的地下組織，司馬師完成了一個幾乎不可能的任務！

1.三年的時間他居然陰養了三千人！

2.這三千人居然召之即來！

2　《晉書·景帝紀》：既而使人覘之，帝寢如常，而文帝不能安席。
3　《晉書·景帝紀》：帝陰養死士三千，散在人間，至是一朝而集，眾莫知所出也。

3.這三千人居然這一夜沒有一個人告密！

4.這三千人聚集後居然沒有驚動遍地是眼線的洛陽城！

這是種什麼樣的組織能力！這是種什麼樣的人格魅力！

大家記住司馬師這個人，如果說給中國歷史上被低估的大人物列一個榜單，司馬師一定是排到最前列的那一檔！

第二天清晨，曹爽旅行團出城後，司馬懿家族迅速行動。

通過此次司馬懿及其家族的行動，我們能夠更深刻地領會國家權力部門的重要性。

司馬懿第一時間帶著整個家族和三千死士前往重中之重的武庫！[4]這是最重要的一個點，所以需要一號人物司馬懿親自帶隊孤注一擲！這個地方拿不下來，剩下的就都別提了。

為什麼這個地方如此重要？因為這裡面有武裝軍隊的兵器。

別看禁軍大權全在曹爽的手裡，但大部分禁軍手中是沒有兵器的，只有當天宿衛皇宮的禁軍手中才有兵器。沒有武器，那兩營禁軍就是兩營傻老爺們兒。

但是，此去風險極大。武庫在洛陽城東北，曹爽家離武庫不遠，到達武庫前要經過曹爽家。（見圖12-7）

事實上司馬懿軍團在往武庫衝的時候，曹爽府上已經有警覺了，門樓上已經嚴陣以待了，曹爽家的保安團以為司馬懿是奔他們家來了，於是狙擊手在司馬懿帶隊靠近時，已經瞄準司馬懿了。

司馬懿的政變軍就這樣暫時僵在那裡了。

大將軍府的常備軍不可能有很多，司馬懿卻僵在這裡了，因為他並不具備攻堅曹爽炮樓的能力。

4　《三國志·曹爽傳》：宣王部勒兵馬，先據武庫。

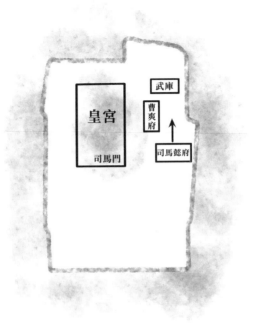

圖 12-7　武庫與曹爽府位置示意圖

　　由此也看出司馬師雖然陰養了三千死士，但武器和鎧甲的問題是沒有解決的！尤其是鎧甲，是決定士兵戰鬥力的最關鍵武器裝備！

　　就在此時，曹爽府中一個叫孫謙的將領，按下了狙擊手，說了句耐人尋味的話：「天下事未可知也，別把路走絕了。」[5]

　　有可能是司馬懿用他「大魏戰神」的名頭驚險地唬住了曹爽府的阻擊軍。不過更有可能的是，這個孫謙是司馬懿安插在曹爽府的臥底！

　　司馬懿趁曹爽府狙擊手猶豫的時候迅速咬牙通過，來到了武庫前。

5　《晉書·宣帝紀》：爽帳下督嚴世上樓，引弩將射帝，孫謙止之曰：「事未可知。」三注三止，皆引其肘不得發。

正常來講，拿下武庫是需要天子詔書的，此時皇帝在曹爽那兒了，所以理論上來講，司馬懿是接管不了武庫的。

擺在司馬懿面前的只有兩條路：要麼強打，要麼矯詔！

具體怎麼拿下的武庫史書無載，我傾向於司馬懿利用自己的巨大威望以矯詔方式騙取士兵開了武庫，隨後襲擊攻佔。

佔領了武庫後，司馬懿完成了政變的最關鍵環節：武裝團隊開始全副武裝升級，斷絕了曹爽方面可能的武裝升級。

三千死士在進行武器裝備後，那就太可怕了。因為禁軍的數量總共不過六千人。當年曹叡托孤曹爽和司馬懿時史書專門寫了兩人各統兵三千。[6]

這六千禁軍不是每天都全副武裝上崗的，此時還有一部分跟著去高平陵了，所以司馬師的這三千武裝在洛陽城中與禁軍足以勢均力敵，甚至是最大的一股力量了！

武庫拿下後，下一個關鍵，是司馬門。

留下足夠的人手守武庫後，全副武裝的死士們在司馬師、司馬孚的帶領下撲向司馬門。

司馬門位於皇宮的南門，門前寬闊，可以屯兵，是禁軍設防的核心。

此時曹魏的禁軍設置，已經由兩漢的南、北軍變成了中、外軍。司馬懿和曹爽受託孤的時候都有一個頭銜，叫作「都督中外諸軍事」。所謂中外之分，指的就是司馬門外是外軍，司馬門內是中軍。一旦司馬門突然被拿下，司馬門關閉，外面的部隊是一點辦法都沒有的。因為不知道裡面到底發生了什麼，只能在外面等著，不能有任何動作！有動作就是誅全族的造反！

6　《晉書‧宣帝紀》：都督中外諸軍、錄尚書事，與爽各統兵三千人……

所有的權力輸出指令都是由裡面的皇帝完成的，皇帝不在，最大的權力輸出者就是太后。

誰堵住司馬門意味著誰對此次政變活動擁有最終解釋權！

如果說佔領武庫是此次政變的物質基礎，那麼佔領司馬門則事關此次政變的成敗！因為它標誌著司馬懿是否能拿到合法的皇權文件來控制整個官僚集團！

但是，此時擺在司馬懿面前的還有一個關鍵點，司馬門因為位置干係重大，日常是有相當數量的禁軍駐守的，而且明明白白地是曹爽的人！

司馬懿派出了司馬孚和司馬師去強殺！這是司馬懿家族最驚險的一次戰鬥！

具體過程還是史上無載，結果就是，司馬師拿下了司馬門，而且拿下得非常漂亮！

因為司馬懿看到司馬師「鎮靜內外，置陣甚整」的表現後說了一句：「這小子到底沒讓我看錯！」[7]

整場高平陵之變，司馬師全程頂級輸出，交出了改變中國歷史的滿分答卷！

拿下司馬門後，司馬昭立刻進宮盯住最大牌領導郭太后，隨後，拿下了合法文件。至此，司馬家族的政變貌似合法化了。

雖然還差得很遠，因為皇帝還在曹爽手中，但對於司馬懿來說，已經足夠了。

此次政變，在司馬懿眼中，最關鍵的有三個地方：

1.武庫處。

---

7 《晉書·景帝紀》：宣帝曰：「此子竟可也！」

2.司馬門處。

3.太后處。

至於曹爽與曹羲手中的禁軍力量，在司馬懿看來，遠沒有上述三個方面重要，後面派司徒高柔行大將軍事，領曹爽營；太僕王觀行中領軍，攝曹羲營，是在本家族完成對上述三核心要點的佔領後，才部署佔領的。

高柔和王觀是不可能提前被告知政變計劃的，因為做這種萬劫不復的事，誰都不能信任！

萬一曹爽走之前接到告密就全完了，就連司馬懿親兒子司馬昭也僅是前夜才知道。一定是司馬家拿下上述三個重地後，才會去找過去的老兄弟們。老兄弟們看到司馬家族確實已經成功大半了，才會去接手那兩個禁軍的軍營。

所以說，在最初的計劃中，司馬家族將所有的希望全部放在了上述三個重地上，而這三重地的歸屬，也成為所有元老確定司馬家族成功與否的信號。

司馬懿作為四朝老臣的巨大威望開始發光發亮，他召喚出了同是四朝老臣，歷任護軍將軍、領軍將軍，身為三公的太尉蔣濟和他坐一輛車駕！

為什麼這個蔣濟地位如此之高，都坐到主席臺上去了？因為蔣濟歷任護軍和領軍，在禁軍關鍵領導崗位上幹了十多年，威望甚高，蔣濟一同站出來可以消減禁軍潛在的抵抗力量！

司馬懿召喚自己的故吏、太僕王觀行中領軍事，接管曹羲的禁軍營；召喚出了司徒高柔假節代理大將軍事接管曹爽禁軍營，並對高柔說：「你現在就是咱大魏的周勃！」

此次政變，司馬懿資歷老、面子大是一方面，但司馬家之所以一呼

百應地召喚出了這麼多老傢伙一塊跟他們搞政變，從司馬懿對高柔說的那句話就可以知道了。

君為周勃！你就是四百多年前，匡扶劉家天下、剷除巨禍呂家的那個帝國柱石！

在曹爽多年的奢靡之風影響下，老一輩大臣在司馬懿的突然發難並有了政治合法性後，紛紛站了出來主持公道！在他們眼中，此時此刻，他們正在幹一件名留青史的偉大事件！

他們並不知道，對權力已經領悟到精髓的司馬懿、已經對接班人進行了終極考驗的司馬懿，在一系列天時、地利、人和以及大幸運下，開始將時代強行改道了。

所有的人，最終都成為司馬懿的棋子！

在完成對洛陽城內的控制後，司馬懿與蔣濟帶隊佔據洛水浮橋，關閉洛陽城門，拿出了早就寫好的彈劾奏疏，送往了高平陵。

走了一半路程的曹爽接到彈劾表，將天子車駕留在伊水之南，砍伐樹木建成鹿角，徵發屯兵數千人護衛。

注意，曹爽此時仍然沒崩盤哦，還知道做鹿角佈防，調數千屯田兵自衛。

這個時候，他迎來了兩個人：大司農桓範與大將軍司馬魯芝。

那個魯芝並不重要，重要的是桓範。因為他手中有大司農印，可以調動天下糧草。

很多人會說，司馬懿百密一疏啊！他怎麼能讓這麼重要的人跑了啊！司馬師要是陰養死士三萬，我相信以司馬懿的水平，一個也跑不了。但司馬懿手中的所有籌碼僅僅是三千人！

桓範逃跑後，蔣濟也虛了，對司馬懿講：「智囊跑了！」

司馬懿說出了對曹爽的人生評價：「駑馬戀棧豆！跑了也沒用！」

智囊桓範見到曹爽後，力勸他帶皇帝到許昌，以皇帝之名號召全國兵馬反擊司馬懿。

曹爽猶豫未決。

桓範一看曹爽不堅決於是又勸曹羲：「就算是一個匹夫抓著一個人質還得玩命地求活呢！皇帝在你們手上，號令天下誰敢不從！有什麼可怕的！」[8]

桓範又給出了具體方案，對曹羲說：「大量的武裝在城外，你中領軍是總指揮，洛陽典農的治所也在城外，趕緊去調他們來跟我們去許昌，現在去許昌轉天夜裡就能到，許昌也有武庫足以武裝這批力量，糧食也不用擔心，我帶來了大司農印！」[9]

這是個明白人啊！

此時此刻，司馬懿仍然是未知成敗的。甚至可以說，仍然是敗多勝少的！

因為皇帝在人家手上，是天命所在之處，自己就是個假冒偽劣的，時間一久，自己就該被市場發現了。

禁軍之所以牛，是因為保衛著皇帝！如果皇帝逃到了許昌，那兗州刺史的武裝自然就成了新的禁軍，到時候再詔令三大軍區勤王剿滅司馬懿也是有可能的。

雖然諸將家眷都在洛陽，但那是皇帝啊！況且時間久了司馬懿能否壓得住洛陽內的人心騷動呢？畢竟曹爽兄弟已經主掌國家十年了！

8　《三國志・曹爽傳》：爽兄弟猶豫未決，範重謂羲曰：「當今，卿門戶求貧賤復可得乎？且匹夫持質一人，尚欲望活，今卿與天子相隨，令於天下，誰敢不應者？」羲猶不能納。

9　《三國志・曹爽傳》：卿別營近在闕南，洛陽典農治在城外，呼召如意。今詣許昌，不過中宿，許昌別庫，足相被假；所憂當在穀食，而大司農印章在我身。

更重要的是，曹爽要是想去許昌，沿途一路平原沒有關卡，路還特別近，司馬懿追都追不上！甚至可以大膽點兒說，曹爽只要一念之差狠了心，歷史很可能就是另一番模樣了！

司馬懿是怎麼消除這個巨大的不確定性的呢？

他拿著自己攢了四十年的赫赫威名及頂級信譽，先後派侍中許允、尚書陳泰誘勸曹爽，指洛水為誓允諾曹爽只要交出兵權，便可保留他的爵位及財產。不要他的命，只是看不過去他的奢靡之風，只要他的權力！

司馬懿這邊指洛水發誓，被綁到一輛戰車的蔣濟也開始寫信，從一個好叔叔的角度告訴曹爽：「大姪子，你司馬懿叔叔只想剝奪你們兄弟的兵權，不會傷害你們，畢竟你們的爹是曹真，跟我們那都是多好的關係啊！」[10]

不久，曹爽的心腹殿中校尉來了，告訴曹爽一個消息：「司馬懿真的指洛水為誓了！」[11]

這是司馬懿鎖定結局的最關鍵大招！沒有這個大招，成敗未可知！

此時此刻，曹爽會怎麼想？

1.司馬懿這輩子沒辦砸過事，自己反抗的勝算能有多大？

2.司馬懿積累了數十年的名聲指洛水為誓不會傷害他！

3.多位魏國元勳寫信作保為證。

既然我的命和爵位肯定能保住，我這十年的大將軍難道白當了嗎？你司馬懿還能活幾年？我就不會學你嗎？天明，交槍，請皇帝罷免自己，向司馬懿認罪投降。

10　《世語》：濟書與曹爽，言宣王旨「惟免官而已」。
11　《晉書·宣帝紀》：帝又遣爽所信殿中校尉尹大目諭爽，指洛水為誓……

當曹爽解下印綬時，主簿楊綜說：「您挾天子握大權，難道還要上趕著砍頭去嗎？」

桓範等人把上下幾千年的權力鬥爭全都給曹爽擺了一遍，當年呂家全都被滅門了，連皇帝都被弄死了！當年巫蠱之禍，漢武帝可是親爹，手卻一點兒都沒鬆啊！但是曹爽最終信司馬懿指著洛水發的那個誓言。

桓範大哭道：「曹子丹如此英雄，生了這麼堆癟犢子！我們都要因為你被滅族了！」

曹爽為什麼放棄了本該有著巨大翻盤可能的反擊呢？因為兩點：

1. 司馬懿這輩子的不敗經歷。

2. 司馬懿指洛水發的那個誓言。

最關鍵的，其實就是那個指著洛水而發的誓言！因為司馬懿當著魏國官員和山河大地日月星辰的面，做了絕對的保證。

幾千年來，中國人對誓言通常是舉頭三尺有神明，對其極度敬畏的。普普通通舉手盟過的誓那都是一定要算的，更不要說指著千百年來流過的大江大河！你不指洛水發誓，權力鬥爭向來斬草除根，曹爽因為怕死大概率最終會跟你魚死網破！

司馬懿用他這七十年的人生和千年罵名做了一次巨大賭注！賭他的兒孫能夠顛覆曹家天下！

曹爽回到洛陽家中後，司馬懿在曹爽府四角起高樓，命人日夜監視。曹爽開始害怕，向司馬懿借糧，司馬懿借了。他以為司馬懿不會趕盡殺絕，實際上，司馬懿是在緊鑼密鼓地編排證據。

不久，曹爽的心腹黃門張當供出曹爽兄弟及其心腹欲謀反。正月初十，曹爽家族及心腹被屠滅三族，牽連被殺者多達五千餘人！

司馬懿為什麼如此不擇手段？因為他知道只要留著曹爽，後面與曹家的過招就遠沒結束！

曹爽的勢力太龐大了，自己的家族仍然不一定能笑到最後，所以什麼洛水之誓就顧不上了，必須迅速斬草除根！

司馬懿自此永載中國歷史的恥辱柱上，用自己人生終章書寫了影響極其惡劣的一筆！後世的醜陋小人發現居然還可以這樣玩！越來越多的宵小開始以司馬懿為偶像，踐行他們可怕、可恥的醜陋人生。

此時被滅族中的一個「小人物」家族中跑了一個人，歷史將來會相當玩笑地調侃司馬家這個以卑劣手段竊國的大盜家族！

至此，曹魏的權力被司馬懿開始全部把控，司馬家謀國的第一步，走完了。

這僅僅是第一步？

沒錯，自秦併天下以來，所有權力的改換除了王莽那次以外，全部都是打下來的江山。司馬家作為第一個成功篡權並「鞏固」住的家族，後面實際上還有很多步要走。

他的家族，最終經歷了他們爺孫整整「四世」的權力交割，才算真正地拿下了魏國的這套房子的產權證。

四十年了，孟德老闆，誰在為誰打工？

司馬家族開始蒙上中國史上幾乎是最可怕的家族詛咒，祖孫三代謀國成功後不久就迅速在不肖子孫的互殺禍害下將華夏民族帶入中國歷史上幾乎是最動亂的三百年！

華夏的國運在司馬懿身後開始流星墜地般隕落，三百年大亂的齒輪在此刻正式啟動了。最寒冷的冬天，就要來了。

第 *13* 戰

淮南三叛：人事、利益、威儡、恐嚇、
榮耀等的政治博弈算法

一、為什麼不能得罪老上司？

三國的最後這三章，展現在我們面前的，是如何從一個員工一步步地將別人家的公司拿在自己手中的全過程。這是中國歷史上第二次出現這樣的情況。

上一次是王莽。

你可能會有疑問，曹操呢？這位爺也是把大漢的房本給換了的啊。

不太一樣，人家曹操這天下，是真的一步步地自己打出來的。

當然，沒有兩漢四百年的偉大積澱，曹操是不見得會騰飛起來的，但這種積澱都是隱性的。這就好比品牌的估值，雖然影響巨大，但那是看不見、摸不著的。而且，在你一步步地從縣長打成郡守乃至最後打成萬歲爺的過程中，你已經完成了權力的整合與禍患的消除了。

曹操的前大半生，伴隨著統一中國北方，他建立起了一個非常穩固的以譙沛老鄉為核心的軍事支柱，以穎川集團為核心的文官系統，自赤壁之戰後用了十多年的時間不斷地敲大漢的房梁，並在驚天動地的公元219年頂住了以關雲長為震中核心的最後一次兇猛反撲。

大漢的最後那口氣，在曹魏和孫吳的聯合絞殺下，徹底地散乾淨了。

曹魏代漢後，基本上聽不到什麼人心思漢的事了，曹丕最後對獻帝給了「行漢正朔，以天子之禮郊祭，上書不稱臣」的超高規格下崗待遇，其實也和曹魏的自信有關。

此時的曹魏政局，已經是一個非常穩固的權力結構了。司馬懿要走的這條路，就是從曹魏這個已經比較穩固的權力結構中，一步步地爬到山頂，並踢開老東家的荊棘之路。

這其實是極難的。因為這一路要觸及曹家當年建公司時的很多權力基石。

上一個成功的是王莽，但那是不可複製的，是此後中國歷史舞臺上再也沒有的孤例。

儒家道德楷模、全國流量超巨、全階層的無限擁護，這種手腕是不可複製的。

這兩戰我們看到的，是史上第一次完完全全以權力的遊戲為主導的，歷經祖孫三代不斷鑽營後走完的謀國之路。

上一章中，我們看到了司馬懿是怎樣用有限的力量去部署，最終撬動了權力的最核心。

要斷絕「內外」，控制「禁中」，也就是司馬門的最終歸屬。關上了司馬門，內外就隔絕了，外面的兵是不敢貿然行動的，因為誰也不敢被扣上攻打大內的帽子。

控制了司馬門，也就意味著控制了皇宮，控制了裡面的皇帝和玉璽等一系列權力下發憑證。

下一個問題，你要如何控制司馬門？

如果你控制禁軍，那就省事多了，比如北宋開國之君趙匡胤。你如果沒有控制住禁軍，那你就只能打下來，沒有別的辦法。

要控制司馬門，你就面臨著兩個問題：

1.要有足夠的武力打下來。

2.不能讓對手的援軍過來。

這就推理到了下一個，也是最重要的環節：武庫！

控制了武庫，不僅可以全方位武裝自己，還能阻斷別人的武裝升級。司馬懿就是抓準「武庫」和「司馬門」這兩個支點，撬動大魏政權的。

說到底，司馬懿的高平陵之變，解決了什麼問題呢？解決了國家機器中最核心的環節：政治合法性的制高點。

皇權最重要的兩方面是：

1.錄尚書事。

2.禁軍歸屬。

當初司馬懿就是「領尚書事」和控制三千精兵的「督中外諸軍事」，成了唯二的輔政大臣。

現在，司馬家連帶曹爽的份額全拿回來了，變成了「獨領尚書事＋六千精兵」，手中就算是抓住皇權了。

不過，高平陵之變僅僅是司馬家族走的最險、最重要的那一步，他後面還有很長的路要走。

除了皇權的政治合法性以外，帝國的權力大廈還有以下四個環節構成：

1.文官系統。

2.國家糧權。

3.國家財權。

4.各大軍區軍權。

先來說一下文官系統。

文官系統是一個帝國的血管網絡，是完成整個帝國運作的手腳，對於國家來講最重要。但通常在權力運作軌跡中，百分之九十五的官僚系統是不被皇帝重視的。為什麼呢？因為絕大多數崗位上的官員都是路人甲，對於皇帝來講除了表彰先進典型的時候念念名字，一輩子都懶得管誰是誰。（見圖13-1）

皇帝通常只考慮兩個群體就可以了：一個是老臣；一個是未來要接替老臣的儲備官員。

這兩個群體中，哪個更重要呢？是老領導。

這次司馬家之所以一舉拿下曹爽，有很大一部分的助力，是老臣給的。幾十年的宦海生涯，威望與資歷都是相當有震懾力和煽動性的。

比如司馬懿政變中最關鍵的外姓人物蔣濟，後來司馬家的不肖子孫在互相砍的時候總結前人偉大鬥爭經驗時有這麼關鍵的一條：昔宣帝廢曹爽，引太尉蔣濟參乘，以增威重。

為什麼司馬懿單單要把蔣濟拉到自己的車駕前排就座呢？因為蔣濟自228年就幹護軍將軍了，239年轉成了領軍將軍，直到242年才被明升暗降到了太尉的位置。

相當於中間十四年的時間裡，蔣濟一直是掌管中下層武官選拔、控制禁軍的核心崗位領導，在整個禁軍中擁有著盤根錯節的人脈關係。

蔣濟和司馬懿坐在一輛車上發動政變，禁軍中即便有很多潛在反對司馬家族的力量，當看到老長官蔣濟上了車後也會掂量掂量。這一掂量掂量，就幫司馬家族爭取來了最關鍵的時間！

曹爽之前將老臣和固有利益階層全部得罪，讓司馬懿最終漁翁得利。

一個高級官員背後的人事關係深不可測，你知道他這輩子對多少人有知遇之恩？

司馬師三年中護軍就陰養了三千死士！司馬懿在關中七年就把大西

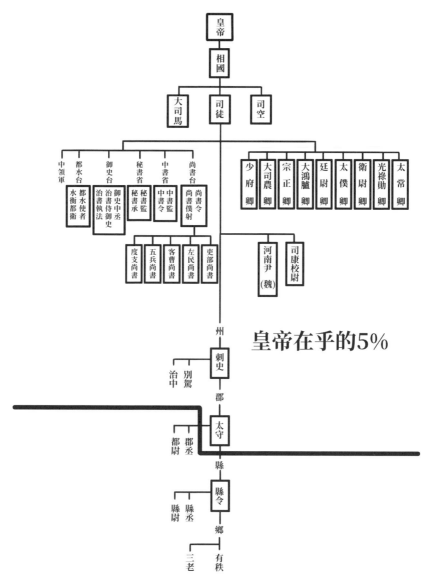

圖 13-1　皇帝重視的官僚崗位圖

北弄成了鐵票倉！

這種人要是有三四十年的職業生涯，你說得多可怕！

官僚仕途是充分利用了時間紅利的行業，所以老領導們千萬不能得罪。

曹爽這些年大力提拔年輕官員，對老臣們不在乎、不尊重，結果事實也證明了，在老臣們都伸胳膊伸腿的時候，年輕人並不好使。

司馬懿在政變中打的旗號很有欺騙性，把曹爽比成了當年的呂家。這幫老臣則是再造大魏的周勃、陳平。所以老臣們是懷著強烈的榮譽感、使命感去搞這次政變的。

這幫老傢伙怎麼也沒有想到，比他們還老的那個都掉了渣的老狐狸居然心會這麼大！司馬懿這個老臣中的老臣，在政變成功之後，是這樣處理老臣問題的：主體思路就是給富貴、給待遇、給尊重，但不給核心權力。

蔣濟因功晉封都鄉侯，還沒來得及再領嘉獎就羞愧而死了，因為司馬懿洛水發誓時候他是擔保人。[1]

蔣濟也算是從山腳幹到山頂的頂級官僚了，心理素質應該是非常好的，但因為做了個擔保就沒臉活著了。不是每個人都有司馬懿指水發誓，不畏蒼天的心理素質的。

高柔晉封萬歲鄉侯，繼續擔任司空的閒職，後遷轉為太尉。

王觀封關內侯，復任尚書，加駙馬都尉。

孫禮為司隸校尉，後遷任司空，封大利亭侯。

……

1　《三國志・蔣濟傳》：初，濟隨司馬宣王屯洛水浮橋，濟書與曹爽，言宣王旨「惟免官而已」，爽遂誅滅。濟病其言之失信，發病卒。

司馬懿是什麼思路呢？給待遇都供起來，哄著都不要鬧，但不能再給核心權力了，防止第二棵大樹再長起來。

這幫老臣，全都是心向大魏的。你怎麼辦？你只能做事小心不刺激他們，等他們自然而然地走向「光榮」。

司馬懿政變後一直傳達的態度就是：我可什麼想法都沒有，天子給我加封丞相我可不敢要，天子給我加九錫，我也不敢要，老兄弟們不要激動。[2]

等老臣們蓋魏旗光榮之後，下一梯隊的幹部也就是他們的子孫通常沒經歷過和曹家艱苦創業，風裡來雨裡去的革命情感，那個時候再進行大的動作，壓力就會小很多了。

比如大魏的忠臣標竿賈逵，死前慨歎受國厚恩，恨不得斬孫權提著他的腦袋下去見先帝，喪事一律從簡，死後豫州吏民追思刻石立祠，曹叡、曹髦全都專門憑弔嘉獎過，就這樣的頂級忠臣，他兒子賈充後來卻成為司馬家禪代之路上的最兇功狗。

這個環節，只能交給時間。時間到了，大勢自然水到渠成。所以司馬懿任何實質性的動作都沒做。

曹爽就是不明白這一點，最終被老臣之首給滅族了。

搞定、安撫老臣們，對於整個官僚系統的把控是極其重要的，這幫人有威望、有能量，仍然有力量去影響很多人的前途與選擇。

第二方面，財糧權。

財權跟糧權可以統一，因為曹魏的錢糧在整個三國年間基本上都是以屯田制為主來供應的。也就是說，抓住了屯田，也就抓住了錢糧。

2　《晉書·宣帝紀》：天子以帝為丞相，增封潁川之繁昌、鄢陵、新汲、父城，併前八縣，邑二萬戶，奏事不名。固讓丞相……冬十二月，加九錫之禮，朝會不拜。固讓九錫。

此時曹魏的幾大屯田區都在哪裡呢？洛陽地區、鄴城地區、許縣地區、關中地區、隴西地區、淮南地區。除了前兩塊並非戰區外，後面四塊屯田區全都是支援戰區的。

放眼望去，無論東南還是西北，所有的戰區屯田都是在司馬懿的主導下建設完成的。

只剩下了最後一個方面：軍權，也就是曹魏的幾大軍區。

先來看司馬懿的西北老根據地。此時的關中一把手是誰呢？曹爽的表弟，夏侯玄。

當初曹爽命夏侯玄為征西將軍、假節，都督雍、涼諸軍事，夏侯霸為討蜀護軍、右將軍，打算瓦解司馬懿在關中的勢力。就是因為這次部署，夏侯玄的中護軍一職給了司馬師，埋下了司馬家族反撲的最後火種。

如今司馬懿第一時間著手雍涼地區的人事調整，召夏侯玄、夏侯霸二人回朝，結果夏侯玄回來了，夏侯霸逃到蜀漢了。

夏侯玄這個關中一把手沒有做任何抵抗就回來了，其實原因比較明顯，司馬懿在關中的根子紮得很硬，夏侯玄亂不動。

接替夏侯玄的是郭淮，他是司馬懿舊部。接替郭淮雍州刺史的是陳泰，老哥們陳群的兒子；跟司馬師、司馬昭是哥們兒，高平陵之變站隊成功。

魏國西線被司馬懿重新控制。

再來看中線。也就是荊襄前線。

自227年六月，曹叡命司馬懿駐紮宛城，加督荊、豫二州諸軍事，一直到231年，這五年時間裡，司馬懿都是坐鎮荊、豫的一把手。

這期間他打退了吳國來犯，閃電斬過孟達，配合曹真西線伐蜀，是攏起荊豫力量幹過事業的。

要知道，關中僅僅待過七年就鐵票倉效果了，荊州這五年，司馬懿

會虛度光陰嗎？而且更重要的是，現在的荊豫一把手王昶，是當年他一手提拔起來的。

王昶父王澤為東漢代郡太守；伯父王柔，東漢任護匈奴中郎將、雁門太守。

世家大族出身的王昶少年成名，在曹丕時代就屬於重點培養官員。236年，曹叡下詔求賢，卿校以上，各舉一人。時任太尉的司馬懿保舉的是王昶。

曹爽時代，王昶又被封為武觀亭侯，遷征南將軍、持節，都督荊州、豫州諸軍事。

這個人和多方勢力都有交集，走得還特別穩，在曹爽倒臺後又上奏表態抑制浮華，擁護老領導司馬懿的路線，活得明白啊。

在王昶之後，司馬懿派王基去當荊州刺史，這位也是當年司馬懿看上的，曾對其徵辟，後來曹爽也看上了這個人才，奏請其擔任從事中郎，遷安豐太守，後邊防有功加討寇將軍。

這個人的政治立場很有意思，雖然曹爽一個勁兒地提拔他，但曹爽為首的「正始風氣」卻很讓王基看不慣，王基還寫了篇《時要論》來譏諷時事。

高平陵之變前夕，王基被徵召為河南尹，高平陵之變後，提拔他的曹爽被打倒，王基被免官。不過後來司馬懿迅速召回王基，讓其擔任尚書，並於來年調任荊州刺史。

西北和荊豫，司馬懿都控制得比較踏實。唯一有漏洞的，是東南戰區。這些年，司馬懿對此處從未真正伸過手。

前幾年倒是出征過幾次，總是還沒打對面就撒丫子了，唯一的一次就是派鄧艾去兩淮屯田。

該說說這個鄧艾了。

鄧艾家在南陽，出身平民家庭，自幼喪父，但母親秉持著再窮不能窮教育的理念，讓小鄧艾並沒有斷了書本。

看到這個姓和這個出生地，大家聯想到了什麼嗎？這應該是當年光武開國時，新野鄧氏的後裔，不然老鄧家此時都破落了，為什麼還能有見識供孩子去讀書呢？

208年，曹操拿下荊州後，強行將當地人民北遷，這是曹操的慣用做法，對新佔領地總不踏實，鄧艾全家被強遷到汝南作屯田民。小鄧艾開始了放牛娃的生涯。

鄧艾十二歲的時候，又隨母親來到了潁川，後來憑才學當上了都尉學士。鄧艾終於因此擺脫了農民的身份，當上了基層官員。

不過鄧艾有一個巨大的弱點：口吃，這嚴重地阻礙了他本就沒什麼希望的仕途。最終鄧艾被打發做了稻田守叢草吏。

這是一份閒差事，深處亂世，鄧艾工作之餘，每見高山大川，都要在那裡勘察地形，指劃軍營處所。身邊的人都在嘲笑他，你個磕巴小吏，裝什麼大尾巴狼啊！

燕雀安知鴻鵠之志。就這樣，鄧艾平平淡淡地度過了二十年，總算熬成了典農功曹的一個小官，能夠有機會參與管理屯田了。

此時，已經是曹芳時代了，鄧艾也已經四十多歲了。大好年華匆匆流走，建功立業的好時代也已經過去了，三國鼎立的態勢已經很多年了，自己仍然是個基層小吏。

人生就是這樣，也許你有大志、負大才，但就是等不來劇本。千百年來，多少才俊老於窗下啊。

眼下已來到正始年間，九品中正已然穩固，時代的大舞臺，跟鄧艾這個寒門子弟真的沒什麼關係了。但就在這個時代對寒門子弟即將關門

的一剎那，鄧艾作為幾乎是最後一撥的寒門大才，衝上了歷史舞臺！

239年，他得到了去洛陽匯報工作的機會，見到了他的恩主，太尉司馬懿。

琢磨了一輩子人的司馬懿，在一次磕磕巴巴的匯報聲中，在那些斷斷續續的內容裡，在那些回答問題的重點中，看到了一塊瑰寶。

鄧艾匯報完工作就沒走，成為太尉府的掾屬，後又升任了尚書郎。

曹叡239年正月初一去世，司馬懿四百里踩風火輪趕到，隨後被托孤，又因為每年正月各地都要來中央匯報工作，司馬懿作為太尉主管典農工作正好在這個時間段看見了結結巴巴一肚子能耐倒不出來的鄧艾！

鄧艾一生中唯一的一次窗口期，僅僅是一個多月的時間！因為司馬懿在被托孤僅僅一個多月後，就被尊為太傅了，鄧艾就沒有資格向識貨的司馬懿匯報工作了！

三分能耐，六分運氣，一份貴人扶持。命也！時也！運也！

蹉跎半生的鄧艾陰差陽錯地登上了時代舞臺。

二、為什麼說人事即政治？

鄧艾進入太尉府後不久，司馬懿就逐漸地被擠出權力中心了，但司馬懿仍在為國家的建設做準備。241年，孫權四路北伐時，司馬懿前去做了總督導，他帶上了鄧艾。

他認為鄧艾是治郡之才，非幕僚之屬。

在隨司馬懿大軍南下直到壽春的巡視中，鄧艾一路走一路考察，並在巡視後交出了自己的匯報論文《濟河論》。

在淮北、淮南實行大規模的軍屯吧，這片尚好的土地荒著太可惜了，開鑿河渠、興修水利，以便灌溉農田，提高單位面積產量和疏通漕運，兩淮將是魚米之鄉。

曹魏立國後，總是有這樣一種思路，就是盡量使得與敵國接壤的地區，人口少點兒，條件差點兒。

為什麼是這個思路呢？

1.將邊境人民大量遷走，這樣敵人打來了，首先人口損失不會很大。

2.敵人不會因糧於我，不會出現打過來後吃我的糧食的情況。

《孫子兵法》中說過金句：「吃敵人一斤的糧食相當於自家運二十斤

糧食上前線，這將大大減輕國家的國力。」

反過來講，讓敵人吃不上自己的這一斤糧食，那就需要對方親自運那二十斤上來了。這對於敵人來講，戰爭成本將變得非常高。

3.我是有著國力優勢的，並不怕和吳、蜀打消耗戰，可以在大後方搞生產，然後將糧食源源不斷地運到前線上去。

吳、蜀二國是跟我拚不了國力的，同等條件下我浪費得起，他們浪費不起。

4.即便邊境地區被吳、蜀打下來，短期內他們也沒有能力將這個地方鞏固住，因為沒有人口、沒有糧食，我隨時有捲土重來的機會。

在這個大戰略下，當時的荊襄和兩淮的大片土地實際上是荒蕪的，這造成了極大的資源浪費。

好莊稼把式鄧艾看到後是痛心疾首的，向司馬懿建議，咱得在兩淮搞大生產了，這將會誕生很多個魚米之鄉。兩淮這地方土地肥沃，可惜目前水利設施不多，應當開挖河渠，引水灌溉，開通拓寬南北漕運的水路。

鄧艾說：「每次大軍南征，僅用於運輸兵力的消耗就佔去一半，勞役繁重。可以在淮北屯兵二萬人，淮南屯兵三萬人，按十分之二的比例輪休，保證常有四萬人在屯田戍邊。這種好水好地，在風調雨順時，收成可達西北的三倍，扣除兵民的費用，每年可有五百萬斛作為軍資。六七年間，可以在淮河上游積蓄三千萬斛糧食，這些糧食夠十萬軍民吃上五年。有這個物資量級墊底，滅東吳指日可待！」

司馬懿同意了。

自241年起，在司馬懿的大力推動下，魏國在淮南、淮北廣開河道，大舉屯田，開始了經濟大開發。淮水流域共挖掘了三百多里長的水渠，灌溉農田兩萬頃，從而使淮南、淮北連成一體。

幾年之後，整個魏國的東部開始全部連成一片，東南不再有所謂的戰略緩衝區，此後每當東南有戰事，中央軍便可乘船而下，直達江淮，當地就有糧，到地就開打。[1]

　　自此時開始，司馬懿冥冥之中為今後自己的子孫平定江東以及未來偏安一隅奠定了最關鍵的基礎。兩淮後來強大的自給自足能力，尤其是淮南地區的大開發，成為東晉能夠最終保命的最關鍵戰略緩衝地帶！

　　此時此刻，司馬懿已經被擠出了權力中心，兩淮也不是自己的地盤，他這標標準準地是在為他人作嫁衣裳。

　　這樣的戰略部署，意味著將對淮南軍區派發紅利，標誌著魏國要對江東動心思了。但即便有戰功，也不會是司馬懿的。

　　就是這樣比較「無私」的一次舉措，卻成為司馬懿為子孫留下的天王保命丹。

　　而此次脫穎而出的鄧艾，成為司馬家族換房本走到最關鍵一步、最較勁時候的神來之筆！

　　很多時候，你機關算盡，最終報應不爽；很多時候，你無心插柳，最終後輩蒙蔭。

　　你下場了，子孫還在；子孫不在了，青史依然在；人這輩子，其實是場無限遊戲。

　　兩淮的大開發，使得淮南戰區實力再次大跨步上升，這也成為司馬懿在政變後平穩政局的最重要的一個環節。

　　整個兩淮的局勢非常微妙，雖說沒有一個司馬懿的自己人，但是，曹爽的前期佈局，因緣際會地給了司馬懿非常好的解題基礎。

1　《三國志·鄧艾傳》：正始二年，乃開廣漕渠，每東南有事，大軍興眾，汎舟而下，達於江、淮，資食有儲而無水害，艾所建也。

先來說此時兩淮的軍區一把手，王凌。

王凌出身於太原王氏，是標準的大戶，他叔叔是做局幹董卓的王允，後來王允被李傕等反攻了長安，小王凌和其兄王晨翻城牆逃出跑回老家太原，成為王家僅剩的火種。

由於家門已經破敗，而且袁紹和朝廷方面的關係一直很尷尬，導致了王凌一直沒機會走入仕途，直到曹操統一北方後才被并州刺史梁習所薦。由於參加革命晚，而且長輩都死了，跟潁川派也沒什麼關係，所以王凌起步時非常低微。

從發干縣長做起的王凌後來沒多久就犯了事，但王凌命比較好，掃大街的時候恰逢曹操路過，曹操得知他是王允的姪子，於是免其罪命他幹了驍騎主簿。[2]

王凌此後開始觸底反彈，漸漸地展現出了才幹，有政績遷中山太守，被曹操調入丞相府，當了丞相掾屬。

從政治上升的角度來講，王凌此時有些尷尬，因為他已經四十多歲了，在老領導的這條路上走得算不上深遠，還沒有搭上新領導的那趟車。

王凌並沒有像司馬懿那樣進入第二代的核心層。220年，曹丕上位後，王凌開始任兗州刺史，在此任上，破吳將呂範，以軍功封侯。後王凌又歷任青州刺史、揚州刺史、豫州刺史，所到之處，法度嚴謹，得軍民歡心。[3]

自220年曹丕上位到239年曹叡駕崩，這十九年中，司馬懿在中央完成了兩輪托孤大臣的蛻變。

2　《魏略》：凌為長，遇事，髡刑五歲，當道掃除。時太祖車過，問此何徒，左右以狀對。太祖曰：「此子師兄子也，所坐亦公耳。」於是主者選為驍騎主簿。

3　《三國志・王凌傳》：凌布政施教，賞善罰惡，甚有綱紀，百姓稱之，不容於口。仍徙為揚、豫州刺史，咸得軍民之歡心。

王凌則歷任兗、青、揚、豫四州刺史，將魏國東南全部走了一遍。

王凌在曹家還有關鍵功勳：當年曹休在石亭之戰現眼後，是王凌拚死將曹休帶出來的！

能力沒問題，立場沒問題，然後壽命還沒問題。

王凌居然比司馬懿還大七歲！王凌也用自己的人生證明了一個鐵律：前半輩子走得慢，一路上沒搭上車沒關係，只要你有能力、壽命長，你早晚會站在時代的最前沿！

對了，前面這句話忘說了一個前提，差點就成毒雞湯了。

王凌出身太原王氏。王允誅滅董卓名滿天下，即便全族被殺，但王允永遠活在人們的心中，太原王氏的門楣地位也是永遠被主流認可的。

王凌當初為什麼犯事了仍然能鹹魚翻身？因為曹操聽說了他是王允的姪子，是名門忠勇之後，不可辱啊！[4]所以說王凌的人生對普通人來講，依然沒什麼參考價值。

有參考意義的是鄧艾：二十多年打磨自己的那「三分能耐」，隨後時刻準備著等待自己的「六分運氣」，直到迎來那鯉魚躍龍門的「一分貴人扶持」。當然，等到了最好，等不到也別悲哀。青史幾行名姓，北邙無數荒丘。人生的成功有很多種，要以平常心對待。

王凌這個名門之後、曹操時代的老人，用自己的能力二十多年歷任兗、青、揚、豫東南四州刺史，實打實地成為曹魏的東南第一大神。

239年，曹爽上位，一是為了拉攏這位地方老臣，二是為了穩固東南戰場，將王凌提為征東將軍、假節，都督揚州軍事。

至此，王凌正式掌管東南兵權。隨後這十年，王凌一直守在東南一線。

---

4 《魏略》：此子師兄子也，所坐亦公耳。

曹爽的這個部署，相當於將王凌這個四朝老臣，放在整個帝國最重要防區後再也沒動。這並非是個好決策。因為王凌這個自曹魏立國後就待在帝國東南的老臣，這幾十年培養了巨大的關係網絡。這個網絡，同樣開始散佈魏國各個地方。

不過這也不能賴曹爽失智，因為他剛掌權時，王凌已經快七十了。雖說魏國官員的醫療政策和療養效果是比較靠譜的，但曹爽認為東南卑濕水熱，還總有征戰，王凌也許蹦躂不了幾天了。沒想到最後還是老頭兒送的他。

當司馬懿主政後，迅速晉王凌為太尉，假節鉞，來安撫這位資歷相當深厚，比自己還大七歲的老同事。

司馬懿在安置完西北和荊州後，驚人地發現，自己看重的、委以重任的下屬們，在老王大哥這裡也有關係。

比如他的老下屬，此時的西北一把手郭淮，是王凌的妹夫。

比如荊州軍區一把手王昶，是王凌的太原老鄉，當年王昶是兄事王凌的。

比如此時的荊州刺史王基，是當初王凌幹青州刺史時征辟的別駕，一直愛才作為心腹來用，連朝廷的徵調都不理。

所以司馬懿自打發誓搞死曹爽之後，眼睛一直就盯在了淮南，盯在了王凌的身上。

人是非常容易以己度人的，尤其對同一種人。

不過司馬懿在往淮南放眼望去的時候，驚喜地發現了九泉下捂著鼻子的曹爽留在淮南的高妙的人事遺產。

曹爽跟王凌也沒什麼交情，所以也在一步步地動手控制淮南，他在王凌的身邊安排了老鄉文欽擔任廬江太守。

文欽為曹家龍興之地的譙縣人，他爹文稷就是跟曹操起家打天下的，曹叡時代文欽在禁軍裡幹五營校督，後來因為性情剛暴無禮，傲上凌下，滿世界的得罪人，曹叡把他踢到了淮南當廬江太守，結果被王凌彈劾了，曹叡又把文欽調了回來。

曹爽上位後，為了遏制王凌，於是將文欽封為冠軍將軍後又遣回了廬江當太守。

安排完文欽後，曹爽又提拔了自己的圈裡人諸葛誕為揚州刺史。

這個安排很有學問，因為諸葛誕的二閨女嫁給了王凌的兒子，兩家有親戚關係，諸葛誕不至於被王凌排斥，但諸葛誕又跟曹爽集團有著非常近的圈層關係，曹爽對諸葛誕又有著知遇之恩，所以本質上諸葛誕是曹爽的人，但因為親戚關係又能夠打入王凌的內部，監視、刺探王凌的一舉一動。

別再瞧不上曹爽了，他就是個低配版的袁紹，老大當久了以後該豁出命的時候哆嗦了，在別的方面他的手腕還真挺高的。

之前的佈局本就被曹爽設計得非常精妙，司馬懿選擇了照單全收。

司馬懿看到淮南的人事部署後驚喜非凡，不僅不像關中那樣立刻把夏侯玄調回來，還沒對揚州的人事做任何調整，在安撫王凌的同時，又加封文欽為前將軍。

文欽雖然是曹爽的人，但他跟王凌是死對頭，所以利用價值巨大。

諸葛誕雖然和曹爽是一個圈子的人，雖然王凌是他親家，但諸葛誕的大閨女嫁的是司馬懿的三小子司馬伷，所以諸葛誕與司馬懿也是親家。

人事即政治，權衡人事是權力佈局的高級智慧，最顯一個人的政治功底！

人事安排有三個層次：

最高級別：通過人事安排使得自己能夠繼續往上走，通過人事安

排使得敵人不能往上走（這兩個並列，權重與先後需要具體問題具體斟酌）。

次一級別：通過人事安排使得自己的權力觸角有所擴大。

最次級別：通過人事安排使得自己的經濟、心理層面獲得補償。

判斷一個人是否是頂級政治家，很重要的衡量點在於觀察他的人事手腕通常是哪個級別。

頂級牛人基本上都是前兩個級別，通過人事佈局完成、貫徹了自己的政治主張和戰略目標；最次的那個級別屬於摟草打兔子，佔總權重的比例並不高。

249年二月，曹芳任命司馬懿為丞相，增繁昌、鄢陵、新汲、父城為其封邑，食邑二萬戶，特許奏事不名，司馬懿辭丞相之職不受。自從曹丞相後，丞相這個職位也有著符號含義了。

曹芳既然封司馬懿為丞相，說明是受到了某種政治裹挾，不然他不可能犯這個錯誤。

司馬懿辭這個丞相，也是一個政治信號：我已經有實力給老曹家換房本了，但我卻選擇穩定的政治態勢，我不會胡搞亂搞。這是專門安撫大魏遺老們的手段。

如果不是這個原因，司馬懿會迅速啟動丞相、九錫、稱公等一系列篡權運作模式，因為此時他的威望天下無二，只有他有資格將這份家業鞏固下來。如果司馬懿沒有走到稱公這步，將來權力傳給司馬師的時侯在合法性上就有著巨大的漏洞！

即便將來司馬師接班時的隱患巨大，但司馬懿依然為了大局選擇了隱忍！

所有的老臣也都如溫水煮了青蛙一般，除了一個人：王淩。

司馬懿以小博大的例子強烈地刺激了王凌：你人都進重症監護了！結果你蹦起來又玩了一把，還居然就成了。我這個東南一把手，難道就沒有機會嗎？

當然，也有一種可能，就是王凌真的是大魏遺老，他要拯救大魏江山。具體什麼動機就不討論了，司馬懿在發動政變時很多人也認為他是救江山的。

王凌也打算動手了，他找到了自己的外甥令狐愚開始密謀。他的這個外甥時任兗州刺史。令狐愚之所以能幹上兗州刺史，原因在於他是曹爽的人，曾在曹爽手下幹大將軍長史。

令狐愚這個兗州刺史為什麼沒被司馬懿調整呢？因為令狐愚現在駐屯平阿（今平阿山），和他舅王凌一起統兵於淮南，兩個人離得太近了，司馬懿擔心貿然的人事調整把舅舅、外甥這兩人逼急了。[5]

瞅瞅老頭兒的心思都飛走了。

不過事實也證明了，當司馬懿也和丞相一樣開始方方面面謹慎小心，一步也不能錯地用腦子用到極致後，他也活不了幾天了！

事煩而食少，豈能久乎？誰能比誰強多少。不過就是看人挑擔不吃力罷了！

5　《古謠諺·卷七》：凌外甥令狐愚以才能為兗州刺史，屯平阿。舅甥並典兵，專淮南之重。

三、司馬懿的一生完成了什麼歷史使命？

　　老領導曹爽被司馬懿誅殺後，令狐愚和他舅舅王凌開始了不同原因的不謀而合。令狐愚怕被司馬懿反倒清算，王凌惦著搏一把，這兩個人開始了密謀。

　　王凌派心腹去洛陽把想法告訴他做人質的兒子王廣。

　　王廣的回覆是：曹爽咎由自取，失去民心，司馬家深不可測，現在正大規模地派發紅利，修改之前被曹爽改的法令，深得人心，況且父子掌兵權，還是別動心思了。[1]

　　王凌不認可這份來自洛陽的市場調查，說，我都快八十了，再等等就開追悼會了。

　　王凌的打算，是擁立在兗州的楚王曹彪。

1　《漢晉春秋》：今懿情雖難量，事未有逆，而擢用賢能，廣樹勝己，修先朝之政令，副眾心之所求。爽之所以為惡者，彼莫不必改，夙夜匪解，以恤民為先。父子兄弟，並握兵要，未易亡也。

249年九月，令狐愚開始和曹彪接觸，結果十一月，天有不測風雲，令狐愚病死了。[2]

令狐愚的死因極度可疑。除非是猝死，否則怎麼可能要死的人還有精力摻和謀反的事。既然是猝死，怎麼會那麼巧！

無論怎樣，外甥死舅舅前頭了，這讓王凌的計劃陷入了僵局。不僅此時令狐愚的兵要被別人奪走，而且關鍵王凌投資這部戲的男主角曹彪在兗州。

令狐愚之死延遲了淮南叛亂的爆發，而且令司馬懿有機會破解王凌的「電報密碼」。令狐愚死時，他的幕僚楊康在洛陽匯報兗州政務，聽到令狐愚病死後非常害怕，向司徒高柔舉報，揭發了王凌、令狐愚的計劃。

高柔又迅速地向司馬懿報告，司馬懿決定靜觀其變，並派「無黨派人士」黃華出任兗州刺史。這個黃華是當年在河西鬧叛亂時的降將，和誰都沒有背景交集。

這是司馬懿釣魚執法的重要人事安排。

250年的春天，司馬懿病了。他已經不上朝了，每遇大事，曹芳親自到他府中去徵求意見。

王凌也在琢磨，司馬懿又病了，真的假的呢？這是不是又裝死呢？

很有可能，畢竟他的密碼都讓司馬懿破獲了。

王老爺子又忍了一年，當然，司馬老爺子也在府上又宅了一年。

時間來到251年，這一年司馬懿七十三歲，據說司馬懿又快不行了。

251年似乎是老臣集中出問題的年份，吳國壽星佬兒孫權在長達半個世紀的不吃虧後也鬧了一次懸，年初孫權怕自己有什麼不測死後吃虧，封鎖塗水，國家進入一級戰備。

2　《三國志·王凌傳》：嘉平元年九月，愚遣將張式至白馬，與彪相問往來……其十一月，愚復遣式詣彪，未還，會愚病死。

王凌好歹算是等來了長江對面孫權這個老傢伙的動作，王老爺子決定不等司馬懿，上書請中央發大兵，由他教訓吳國！

　　司馬懿不批准，瞎折騰什麼！誰說孫權那是挑釁，明明是「裝孫子」！

　　王凌做出這個動作後，相當於已經打出了第一招，後面的動作必須跟上了，無奈只能派心腹楊弘去說服兗州刺史黃華和他共同舉事。

　　楚王曹彪住在二爺的成名地白馬，屬於兗州刺史的管轄範圍內，這是王凌政治合法性的關鍵環節，所以王凌必須要拿下兗州這關。

　　不過老王看走了眼，自己的心腹楊弘要麼是間諜，要麼就是個識時務的；而黃華是個隱性司馬派，被司馬懿安排來就是讓他心存僥倖地以為能爭取，隨後抓他把柄的！

　　黃華和楊弘第一時間聯名上奏王凌要反。

　　這個時候，醫學史上的奇蹟又出現了。251年四月，在家躺了一年多的司馬懿再度走出家門調集中央軍從水路南下，先下達赦免王凌之罪的命令，然後又寫信安撫王凌千萬別想不開。

　　還是同樣的配方，還是同樣的味道，九泉之下的孟達滿含熱淚啊。司馬懿再次使出用了一輩子的神行百變，用九天時間迅速地推進到了甘城（潁上縣北），距離壽春不到百里了。

　　此時的王凌同樣滿含熱淚，司馬懿咋又活了呢！

　　由於司馬懿來得太突然了，王凌完全沒預料到，這回連逃跑吳國都來不及了！

　　王凌一琢磨，也甭抵抗了，求饒吧。王凌親至武丘負荊請罪，到司馬懿船前投降。老王在小船對大船上的老司馬喊：「我如有罪，公可用半片竹簡召回，何苦親自率領大軍前來呢？」

　　老司馬回答：「因為你不是竹簡能調回來的人啊！」

王凌又喊道：「太傅對不起我。」

司馬懿說：「我寧可對不起你，也不能對不起國家。」隨後遣步騎六百押王凌回洛陽。

王凌知道自己罪重，於是派人找司馬懿要棺材釘子，試探下司馬懿。

司馬懿送去一大筐。王凌知道必死，走到項縣時決定自殺，死前看到好友賈逵的祠堂在岸邊，大呼道：「老賈啊！我是大魏忠臣啊！你要是真上了天了你肯定知道啊！」

王凌死後，司馬懿把王凌、令狐愚的屍體挖出示眾三日，所有參與政變者均誅殺三族。倒霉蛋曹彪也被迫自殺。

藉著這個機會，司馬懿又把曹氏諸王全都遷到了鄴城軟禁了起來，防止再有實權派以此為由頭威脅他們家。[3]

王凌死後，司馬懿進行了相當精妙的人事安排：征東將軍被司馬懿安排給了老下級胡遵，這是當年跟自己平公孫淵的鐵桿；兒女親家的諸葛誕，被提拔為鎮東將軍、假節，都督揚州諸軍事；頂替諸葛誕揚州刺史的是萬人嫌、跟誰都不對付的文欽。

如此安排有如下意義：

1. 總督東南四省的最大領導變成了自己的嫡系胡遵。

2. 諸葛誕和文欽雖然都是曹爽故舊，但是在王凌叛亂時立場無懈可擊，必須作為榜樣給予表揚。

3. 但二人都要在壽春辦公了，由於兩人互相不對付，這樣互相牽制容易內耗，方便自己控制調動。

王凌死後的兩個月，即251年六月，司馬懿又不行了。

3　《晉書·宣帝紀》：悉錄魏諸王公置於鄴，命有司監察，不得交關。

這回是真的，據說夢到了賈逵和王凌索命。

又兩個月後，秋八月，在一生中太多時段鬧懸的司馬懿終於徹底地走了，年七十三歲。估計是老天實在看不過眼了，這個坎兒堅決不能再給他蓋章了！

天子素服臨吊，喪葬威儀依漢霍光故事，追贈司馬懿相國、郡公，司馬孚代表他哥辭讓了郡公及轀輬車。

當年九月庚申，司馬懿被葬於河陰首陽山，諡「文貞」，後改為「宣文」，遺命簡葬，作顧命三篇，斂以時服，不樹不墳，不設冥器，無比低調。

司馬懿將自己一輩子的低調包裝到了墳墓裡，但是他以為自己裝得挺好，實際上見笑於後世，偷鐘時捂著耳朵，以為大家聽不見，憋著心思偷人家的皇位，以為世人看不見，後人又不是傻子。

這是後來李世民專門為《宣帝紀》做史論的時候親筆寫的：雖自隱過當年，而終見嗤後代；亦猶竊鐘掩耳，以眾人為不聞；銳意盜金，謂市中為莫睹。

司馬懿這輩子，人生中的諸多躍遷都是躺在床上完成的。這位爺，躺在床上等到了中原形勢撥雲見日，並在關鍵時刻上船搭上曹丕的關係。一輩子穩步上升，國之棟樑，專業滅火隊員，並保養了一個好身體。晚年又拾起裝病的老套路。

司馬懿終於完成了這輩子的所有使命：

1.頂過了兇猛的孔明北伐，熬乾了蜀漢的志氣。

2.將曹魏政權攥在司馬氏手中。

3.將所有不服的老臣通通帶走。

4.將淮南的隱患拆除到了一個可控的級別。

5.將曹氏所有宗親軟禁起來，解決了未來的宗室隱患。

6.將關中、隴西、荊豫、兩淮全部建設一遍，為子孫後代統一天下奠定物質儲備。

人家躺在床上的時候，是在憋大招；人家下地溜躂的時候，是在搞建設。

雖說幹事無數，低調一生，但總體來講，他蓋棺定論的時候，歷史對他的評價極低。

舉個最基本的例子吧，連他自己的子孫都看不起他。

半個世紀後殘晉東渡，偏安江左，權柄落入門閥世家之手，晉元帝活活地被琅邪王家的王敦逼宮氣死，晉明帝登基後打算重振基業問自家的英雄故事，琅邪王氏的族長王導給他講了他祖宗的創業事蹟，臊得明帝一頭扎在床上哭道：真如您所說，晉朝的國祚怎麼可能長得了呢！⁴

明帝的「晉祚不長」成為著名的後世笑料、調侃包，這也是非常罕見的，自己的子孫恥於祖宗開創基業的行為。

其實誰願意埋汰自己的祖宗呢？但看到大好華夏淪於蠻夷之手；看到老爹復振朝綱卻被王敦逼宮氣死；自己想恢復祖宗榮光卻被權臣懟得無言以對；古往今來中華正統頭一次從自家手中被夷狄搶走！當皇族接班人開始反思自家的罪惡，這該是多麼痛的領悟呢？

司馬懿，若你知道最終如此結局，你這生涯的終章是否還會如此彈唱呢？

司馬懿臨死之前，將豐碩的遺產交給自己的長子司馬師。他相信，

4 　《晉書·宣帝紀》：明帝時，王導侍坐。帝問前世所以得天下，導乃陳帝創業之始，用文帝末高貴鄉公事。明帝以面覆床曰：「若如公言，晉祚復安得長遠！」

這個在顛覆曹魏政權的雷鳴前夜仍能呼呼大睡的大兒子、這個在司馬門鎮靜內外毫無紕漏的接班人，最終不會辜負他這輩子的艱辛隱忍的。

他沒有看錯！

但是，司馬家祖傳的高壽，在司馬懿的所作所為後，老天開始收回了。

司馬師此時比當初曹丕接班的處境要艱難得多。表面上風平浪靜，全國重要崗位已經全都被把控，實際上卻暗流洶湧，複雜至極。

曹操死前，已經是和天子完全一樣配置的魏王了，他把所有的手續都跑齊了，曹丕只要最後簽字就行了。

司馬師卻因為手續不齊、資歷不夠這兩點而步履維艱。

手續不齊，也就意味著他在接班時面臨著巨大的合法性問題。曹丕能接班，是因為他爹曹操是魏王，所以父死子繼，沒問題。

司馬師呢？你要想接過你爹的位置，則需要魏國皇帝的任命，因為自古臣下的權力是要從君主手中獲得的。

當然，皇帝會任命你的，因為刀把子攥在你手上，但是這就會讓很多老資格與蠢蠢欲動的人不服氣！

這就涉及第二個問題了。

你爹是四朝元老司馬懿，他怎麼樣誰也說不出來什麼，因為老爺子資歷一擺出來就能把人嚇死。但你司馬師剛四十多歲，前面什麼也沒幹過，軍功、政績全沒有，憑什麼由你把控朝政？就因為你爹是司馬懿？

沒錯，你司馬家逆襲成功你居功至偉，但那是你對你家有大功！你對大魏又有何功勳呢？你的履歷實在不夠看！

所以按理來講，應該是下一個有著足夠威望的大臣進行遞補，而且曹芳這一年已經二十一歲了，完全可以親政了。

無論怎樣，司馬師還是以老子英雄兒好漢的「伊尹既卒，伊陟嗣事」

理由接班了，嘉平四年（252）春正月，遷大將軍，加侍中，持節，都督中外諸軍，錄尚書事。

至此，司馬氏之心，徹底挑明了。因為最高權力在權臣家族內部交接了！

上位不久的司馬師就迎來了第一次考驗。

七十一歲的孫權終於離開吳國人民了，臨終托孤給了丞相的姪子，諸葛瑾之子諸葛恪。托孤重臣諸葛恪輔政後在東興徵集人力，重修了以前孫權因攻打合肥廢掉的東興堤，並左右依山各築城一座，隨後諸葛恪就撤了。（見圖13-2）

圖 13-2　東興堤位置圖

這讓剛上位不久的司馬師比較被動，因為這塊地盤此時屬於魏國。

諸葛恪也是前後腳上位的輔政大臣，人家剛上位就把柵欄修你家院子裡來了。諸葛恪這招比較討巧，我也沒動兵，我就是推進了一碼，我

回去好交代，你們看看，爺們剛一上來就把他們老曹家的門給踹了。

司馬師這邊必須得還擊了，因為這屬於根本沒辦法忍的事情。挑釁的要是蜀漢，司馬師完全能不搭理，因為漢丞相當年北伐把司馬懿打得都不能還嘴，王平悍拒曹爽後讓整個關中叫苦連天，司馬師的無所動作還能被朝野視為新領導靠譜懂得克制。

挑釁的要是吳國，你就不能不搭理了，因為吳國前些年讓司馬懿嚇得根本不等見面就望風而逃，結果司馬懿剛死不久就給你下馬威，這不是明擺著拿你不當回事嘛！

你要是不踹回去，本來就暗流洶湧的政局更沒法交代了。司馬師沒有任何選擇，必須鐵腕攻吳。接下來，比較有趣的一幕就出現了：征南大將軍王昶、征東大將軍胡遵、鎮南將軍毌丘儉、鎮東將軍諸葛誕幾乎同一時間上書要打東吳，且各有各的方案。

最終司馬師拍板，按諸葛誕的計策：派王昶逼取江陵，派毌丘儉攻向武昌，牽制住吳國長江上游的兵力，然後挑選精銳兵力進攻東興兩城，等到他們救兵趕到，我們已大獲全勝了。

252年十一月，司馬師趁著嚴冬水少，下令三路襲吳。

十二月，王昶進攻南郡，毌丘儉進攻武昌，胡遵、諸葛誕率七萬大軍攻打東興。

諸葛恪率兵四萬星夜來救，這些年對吳國的一系列不戰而屈人之兵讓魏國隊犯了輕敵的大忌，城還沒打下來先喝上了，連防都不設！[5]最終胡遵等大意被突襲，死者數萬，吳國時隔二十四年再次獲得了對魏國的大勝。

5　《三國志‧諸葛恪傳》：時天寒雪，魏諸將會飲，見贊等兵少，而解置鎧甲，不持矛戟。但兜鍪刀楯，保身緣遏，大笑之，不即嚴兵。

這一戰後，諸葛恪那邊坐穩當了，司馬師這邊風雨飄搖，朝臣討論要把諸將罷官降職，司馬師總攬全責，說這都是我的責任，和弟兄們有什麼關係，削去了做監軍的弟弟司馬昭的爵位。

司馬師為了應對東南未來可能出現的邊防壓力，迫不得已調整了揚州的軍事結構，令諸葛誕與血洗東北的猛將毌丘儉互換：諸葛誕為鎮南將軍，都督豫州；毌丘儉為鎮東將軍，都督揚州。

驍勇的毌丘儉和文欽組合雖然解了近渴，但卻破壞了之前揚州互鎖的權力結構。這也為淮南的第二叛埋下了伏筆。

失去了牽制王凌和諸葛誕的任務，萬人嫌的文欽就沒有了意義，時間長了，他這位曹爽老鄉就該自動尋找出路了。

毌丘儉雖是司馬懿平遼東時的乖下屬，但他還有幾個朋友，此時在洛陽正醞釀著對司馬家的下一場風暴！

四、權力場上的「攻其所必救」是什麼招數？

毌丘儉是將門虎子，其父毌丘興在曹丕時代為武威太守，因開通河右、討滅叛胡有功被封高陽鄉侯。

後來毌丘儉襲父爵位，因為跟曹叡在做皇子時經歷過風雨，所以曹叡即位後對自己這位當年的好哥們兒相當厚待。

毌丘儉官運一路亨通，做尚書郎，遷羽林監，為洛陽典農，遷荊州刺史，最開始遼東不服的時候，曹叡是派毌丘儉率幽州諸軍去平叛的。

曹叡對這個哥們兒有多看重呢？毌丘儉去幽州的配置幾乎總攬東北所有軍權：「幽州刺史，加度遼將軍，使持節，護烏丸校尉。」

不過戰況不好，被公孫淵逆戰擊敗。曹叡隨後千里調司馬懿加中央軍四萬，令毌丘儉為副手，率幽州軍再戰遼東。

這次大捷，毌丘儉在老藝術家的加持下晉封安邑侯，食邑三千九百戶。雖無具體表現，但根據封邑數量可以看得出毌丘儉此戰軍功不小。

曹爽時代，由於遼東出現了權力真空，高句麗開始騷擾叛亂，打算變成新一屆東北一哥。但很遺憾，被司馬懿加持過的毌丘儉開竅了，整個遠東迎來了最可怕的殺手。

毌丘儉督幽州諸軍、步騎萬人出玄菟討高句麗，高句麗王相當重視，打算一戰打出高麗雄風，御駕親征，率步騎二萬人迎戰。在以眾擊寡的優勢下，高句麗被幹死一萬八千人。

毌丘儉隨後一路打到了高句麗的首都丸都山城（通化丸都山），順利拿下都城，焚毀宮殿，殺其官吏，屠城回軍。

後來沒過幾年，高句麗再度不服，此時遼北著名狠人毌丘儉仍然在崗，本著履職盡責的義務再度出征。高句麗此戰後基本名存實亡，被打得差點兒滅了國，所有附庸勢力也被徹底瓦解，大魏北疆直指海參崴，朝鮮半島的當年漢四郡全境也被全部收復。

司馬家拿下政權後，已經隱隱然大魏第二將星的毌丘儉被曾經的老領導司馬懿安排假節，監豫州諸軍事，領豫州刺史，後轉為鎮南將軍。

沒多久，由於東關大敗，毌丘儉又被公子爺安排去揚州看場子去了。

毌丘儉被安排到揚州，雖說幫助司馬師渡過了難關，但也為司馬師的英年早逝埋下了伏筆。

253年春，剛剛獲得自衛反擊戰大勝的諸葛恪志得意滿地打算趁勢伐魏。想法很振奮人心，但是他也不想想，就東吳那基因，怎麼可能會得到同僚的支持！

同僚都說不行呀，最近累呀，諸葛恪不聽；中散大夫蔣延因為勸領導沒注意方式方法被諸葛恪下令拖出會議室。

諸葛恪一看大家都不服，於是寫了一篇文章給他們傳閱，大體來講理由就是：天無二日，國無二主，劉表當年那麼牛，看著曹操滅了諸袁最後欺負他兒子不說，還得聽人家罵自己生的是癟犢子；秦國當初國土那麼小，最終得了九州天下，不就是因為敢想敢幹嘛！司馬老賊剛死，司馬小賊幼弱，咱們得打他去！

大家一看學術論文都搬出來了，再說就該扣帽子了，於是都閉嘴了。

估計是有人找了門路，不久，諸葛恪的老朋友丹陽太守聶友給諸葛恪寫信了，表示：「咱上次大勝其實是因為官兵們英勇，再加上孫權先生攔天上罩著咱們，哥哥咱可得知道怎麼回事啊！[1]現在打算衝出長江走向世界天時未到，弟弟我替哥哥擔心啊！」

把「天時」搬出來也不好使，諸葛恪回信：「你小子沒看我的學術論文，回去補筆記去！」

總之，諸葛恪將反對意見都放在了一邊，吳、蜀兩國相約共同起事，姜維出兵數萬攻狄道（臨洮），諸葛恪大舉二十餘萬官兵進攻淮南，江東史上的最大規模出兵戰役打響了。

諸葛恪本打算迅速推進淮南吞併人口，但諸將不同意，說：「咱去了人家也都跑了，撈不著油水，還是圍困合肥吧。」[2]

諸葛恪同意了，率軍開始圍攻合肥。

東西兩路軍同時撲來，司馬師面臨著執政以來最為嚴峻的形勢。

司馬師問計虞松：「現在東西兩線吃緊，諸將無士氣，怎麼辦？」

虞松說：「當年周亞夫堅壁昌邑後吳楚自敗，現在諸葛恪盡起全國之兵足以肆虐淮南，但卻圍困合肥新城，不過就是想調動咱們去救援而已！放心讓他打，合肥他打不動，等他兵疲師老之後自己就該跑了！[3]

「姜維雖然有重兵但卻是遠來孤軍，現在正吃著咱們邊防軍的麥子呢！這是無糧之敵，認為咱們大軍全都在東面，西方必然空虛所以才

1　《三國志‧諸葛恪傳》：將士憑賴威德，出身用命，一旦有非常之功，豈非宗廟神靈社稷之福邪！宜且案兵養銳，觀釁而動。
2　《三國志‧諸葛恪傳》：恪意欲曜威淮南，驅略民人，而諸將或難之曰：「今引軍深入，疆埸之民，必相率遠遁，恐兵勞而功少，不如止圍新城。新城困，救必至，至而圖之，乃可大獲。」
3　《漢晉春秋》：今恪悉其銳眾，足以肆暴，而坐守新城，欲以致一戰耳。若攻城不拔，請戰不得，師老眾疲，勢將自走，諸將之不徑進，乃公之利也。

敢這麼嗇瑟地突進，現在要是讓關中諸軍馳援，活活地嚇死他！ 他肯定跑！」[4]

司馬師認可了這個戰略方案，令郭淮、陳泰盡起關中之眾解狄道之圍；令毌丘儉等原地不動，把合肥扔給諸葛恪當靶子打。

姜維聽說司馬師來真的了，在陳泰率關中軍趕到洛門時就迅速跑了。氣勢洶洶的東西並進很快地就變成了諸葛恪舉國之力圍攻合肥。

司馬師一面令毌丘儉堅守待援，一面抽調了二十萬大軍在自己德高望重的老叔叔司馬孚的帶領下來到了壽春，但依然秉承老思路，看著諸葛恪打合肥。

合肥這地方註定是孫吳的喪地，從來沒有順的時候，城中本來攏共就四千多人，東吳連著三個月都沒打下來。

進攻不利的同時，諸葛恪軍中還鬧起了大規模傳染病，士兵病了一大半，死傷遍地。

其實，某種意義上這事兒得賴諸葛恪自己。他將東興大堤建起來後，不僅船沒辦法再從長江開到合肥了，而且巢湖的水位大漲。大夏天的本來就熱，又加上泥濘潮濕，還得步行出軍，傳染病肯定容易橫行。

諸將都說傳染病越來越厲害，快點兒撤兵吧。諸葛恪知道自己的兵就這德行，只要過了長江就跑肚拉稀，於是表示誰再廢話他就殺誰！（見圖13-3）

時間一天一天地過去，諸葛恪越來越憤怒，有一次將軍朱異串了幾句閒話，諸葛恪立刻就把他的兵奪了！ 都尉蔡林數次建言不被搭理後策馬投奔壽春。

4　《三國志·三少帝紀》：姜維有重兵而縣軍應恪，投食我麥，非深根之寇也。且謂我並力於東，西方必虛，是以徑進。今若使關中諸軍倍道急赴，出其不意，殆將走矣。

圖 13-3 東興堤斷流後導致上游水位上漲示意圖

司馬孚知道吳國大病後,開始進軍。

合肥城此時也到了強弩之末,在堅守三個月後,城牆終於被吳國打出了大口子。

結果守城的牙門將張特給諸葛恪寫信,說:「我早就不想打了,但是魏國的法令是被攻百日後投降才不連坐家裡人,現在這都九十多天了,不差幾天了,要不你們再等等,我做做將士們的工作,過兩天就投降。」隨後連自己的官印都扔城外了。

諸葛恪鬆了一口氣。

張特則連夜拆屋補城,將被攻破的口子堵上,轉天嚷嚷:「我是大魏

的將領！有本事弄死我！」[5]

此時魏軍也大規模地前來了，諸葛恪在損失慘重之後引軍而去。司馬師終於靠此戰功坐穩了位置，而且江東罕見的鷹派諸葛恪此戰後由於大失眾心，引發政變被誅殺，東南邊境的戰事危機也就此降級了。

雖然如此，朝中對於司馬家族獨掌權力的反擊，仍接二連三地到來。

254年二月，中書令李豐、曹芳岳父光祿大夫張緝，試圖擁立太常夏侯玄輔政。之所以要將李豐擺在前面，是因為這哥們兒是中書令，也就是當年司馬家恩人孫資幹的那個崗位，掌握政治資源的關鍵崗位之一。李豐前些年一直在曹爽和司馬懿間遊走，並沒有明顯表態，他的兒子娶了曹芳的公主，司馬師後來提拔了他做中書令。

這次陰謀政變，從親家到老丈人，曹芳的最核心小集團要擁立夏侯玄，其實可以看作是曹芳要奪權的一個信號。

不過此次政變尚未發動，就已經被耳目通天的司馬師知道了，所有參與者均被誅滅三族，張皇后被廢。

由於曹芳已經亮了刀子，撕破的臉算是縫不回去了。政變後半年，254年九月，司馬師廢掉了曹芳！

這次李豐等人的政變預謀，將司馬師的很多動作都逼得提前了。因為廢帝這種事情，基本上萬事俱備時才能幹，也標誌著要改朝換代了！

此時司馬師掌握大權才三年，還有很多不安穩的地方！

司馬師廢帝的行為，立刻激起了曹家最後勢力的反對。問題還是出在淮南：毌丘儉和文欽反了。

5　《資治通鑑・魏紀八》：特乃投夜徹諸屋材柵，補其缺為二重，明日，謂吳人曰：「我但有鬥死耳！」吳人大怒，進攻之，不能拔。

毌丘儉是個心向大魏之人，王淩叛司馬懿時，司馬懿是德高望重的老領導，而且政局趨於穩定，連夏侯玄這種頂級政敵都沒動，所以他並不覺得自己應該反司馬家。

但司馬師將故友夏侯玄、李豐等人徹底清洗，隨後又廢了對自己有大恩的曹叡的接班人，毌丘儉爆發了。

他的長子毌丘甸在洛陽給他發來了「你咋就眼睜睜看著」的痛苦指責信，毌丘儉覺得他要做些什麼了。[6]

文欽的動機則沒那麼高，自從王淩被搞掉，諸葛誕被調離，他的意義就不大了，再加上他過去有黑底子，總是冒領軍功，殺十個敵人恨不得報一萬個，被鐵腕的司馬師一再回絕。[7]

文欽覺得再往後不會有自己的好，毌丘儉為了造反又對文欽示好，兩個人就這樣走到了一起。[8]

曹芳被廢四個月後，255 年正月，毌丘儉、文欽看到大掃把星起於吳、楚之分，數十丈砸向西北，認為大吉，於是開始準備政變。

毌丘儉先派人聯絡豫州刺史諸葛誕，因為諸葛誕、夏侯玄和自己都是一個圈兒的，希望這位老兄弟也跟著拔刀相助，匡扶社稷。

不過諸葛誕的成分實在複雜，他和毌丘儉有故交不假，但又和司馬氏是親家，而且還和文欽關係極其不對付。

所謂的「淮南三叛」，當初曹爽安插的這個文欽可謂從頭攪和到尾，堪稱是司馬家最終解題成功的最關鍵神隊友。

6　《世語》：齊王之廢也，甸謂儉曰：「大人居方嶽重任，國傾覆而晏然自守，將受四海之責。」儉然之。

7　《三國志·毌丘儉傳》：曹爽之邑人也，驍果粗猛，數有戰功，好增擄獲，以徼寵賞，多不見許，怨恨日甚。

8　《三國志·毌丘儉傳》：儉以計厚待欽，情好歡洽。欽亦感戴，投心無貳。

諸葛誕在權衡後決定站隊司馬家，斬來使，將毌丘儉的圖謀佈告天下。毌丘儉和文欽無奈，只能迅速起兵，矯太后詔，於壽春舉兵討伐司馬師。

他們將淮南屯駐的所有將領拘在了壽春城內，於城西築壇，歃血為盟，分老弱兵守城，興兵五六萬渡淮河，自西北進到項城。[9]同時，向天下發出公告，揭露司馬師的罪惡並將兒子及宗族子弟四人送入東吳為質，以求外援。

司馬師此次面對的堪稱繼高平陵之變後，司馬氏最凶險的一次危機。因為兩點：

1. 毌丘儉此前蕩平東北，腳踢高句麗，狙擊合肥，堪稱此時魏國的第一戰神。

2. 毌丘儉的討賊文書堪稱經典。

毌丘儉在對天下的公告中，歷數了司馬師的十一條大罪：《春秋》之義，一世為善，十世宥之。懿有大功，海內所書，依古典議，廢師以侯就第。弟昭，忠肅寬明，樂善好士，有高世君子之度，忠誠為國，不與師同。臣等碎首所保，可以代師輔導聖躬。太尉孚，忠孝小心，所宜親寵，授以保傅。護軍散騎常侍望，忠公親事，當官稱能，遠迎乘輿，有宿衛之功，可為中領軍。

翻譯一下：

1. 司馬懿，大大的好人。

2. 司馬昭，大大的好人。

3. 司馬孚，大大的好人。

4. 司馬氏全家就司馬師不是東西。

9　《三國志·毌丘儉傳》：迫脅淮南將守諸別屯者，及吏民大小，皆入壽春城，為壇於城西，歃血稱兵為盟，分老弱守城，儉、欽自將五六萬眾渡淮，西至項。儉堅守，欽在外為遊兵。

5.我們折騰這一通就是為了廢掉司馬師，讓司馬昭輔政。

為什麼說這討賊文書堪稱經典呢？因為司馬師眼部長了瘤子，剛剛完成手術。這封檄文卻挑撥了司馬氏內部的團結，讓剛剛眼傷未癒的司馬師沒有了選擇。

造反的消息傳來，司馬師本來打算派叔叔司馬孚前去平叛，但是心腹傅嘏、王肅、鍾會全都說不行！明面上的理由是：毌丘儉能打，手下兵厲害，你得親自去，派別人去要是輸了就大勢已去了！[10] 其實這根本不是理由，因為被毌丘儉裹挾造反的淮南軍區都是北方人，司馬師攥著大把的人質，派誰去都一樣。

關鍵的是毌丘儉的那封討賊檄文，是支持除了司馬師以外的司馬家所有人！

萬一司馬孚帶兵去平叛，結果最後合兵毌丘儉來消滅司馬師來了呢？

畢竟司馬懿也死了，如果司馬孚突然希望這革命果實落到他那這一支呢？這世道誰還能信呀，當初廢曹芳的時候，司馬孚可是帶頭嗷嗷哭著送別的。[11] 誰知道現在他心裡到底怎麼想的！

這世道已經沒有什麼下限了！

毌丘儉這就是非常高明的「攻其所必救」，逼得司馬師眼傷未癒來跟他決戰！司馬師不得不親自上戰場去平這淮南第二叛！

我們之前討論過為啥郭嘉的計謀並不能算最高級的那一檔，因為選擇權通常並不在他自己的手中：你咋知道孫策就一定會被仇人暗殺呢？就算是你親自安排的殺手，你咋知道一定能成功呢？萬一不成功人家被

---

10 《三國志·傅嘏傳》：淮、楚兵勁，而儉等負力遠鬥，其鋒未易當也。若諸將戰有利鈍，大勢一失，則公事敗矣。

11 《三國志·三少帝紀》：帝受命，遂載王車，與太后別，垂涕，始從太極殿南出，群臣送者數十人，太尉司馬孚悲不自勝，餘多流涕。

你激怒，迅速來捅你的背後呢？萬一人家那天打獵就是帶著保鏢了呢？為什麼太史慈碰見孫策的時候，韓當、黃蓋等十三個特種兵圍得就嚴嚴實實呢？五百里奔襲烏桓，你怎麼知道人家一定不設防呢？你怎麼沒算到中間三百里沒有水，殺馬數千匹，叫花子般才到的白狼山呢？

上述的這一堆問號，沒有一個主動權是在郭嘉手裡的。不是說郭嘉不厲害，只能說距離最高檔次還差一個段位。

而毌丘儉這次的手段就是最高段位，提前就將司馬師所有的退路都給封死了。

我推了你一步，無論往哪個方向退，你都得親自來跟我決戰！因為你根本算不準，也不敢賭你叔叔、你弟弟內心中到底有多黑暗！

司馬師此去還不知道，老天就要推倒對司馬家反噬的第一道多米諾骨牌了。

五、司馬家族崩塌的第一塊多米諾骨牌

司馬師自率中外軍南下，令諸葛誕督豫州諸軍從安風進攻壽春，征東將軍胡遵督青、徐諸軍，出於譙、宋之間，斷絕叛軍歸路，三路撲毌丘儉而來。

司馬師屯兵汝陽後，派監軍王基督前鋒諸軍據南頓等毌丘儉來打，下令諸軍皆堅壁不戰。這是為什麼呢？他在等毌丘儉叛軍的自我崩潰。

曹魏邊防軍的異地戶籍駐防制度雖然會出現一定程度的水土不服，並在返鄉休假時會被人抓空子，孫權的歷次北伐，通常都是趁邊防軍輪換返鄉的時候搞的，但這確確實實是提升戰鬥力以及堪稱防範叛亂的良方。

還是《孫子兵法》中的密碼：在自己家門口打仗叫作「散地」，不會有什麼鬥志，光想著保護自己的老婆、孩子了。玩命打仗就能活，不玩命就得死，這種地方叫作「死地」，必須要往死裡打！

「異地戶籍駐防」配合著「人質制度」，完美地結合了「散地」+「死地」的理論。讓你去陌生地方當兵，就是避免你人在「散地」心裡牽掛多；讓你去邊境的「死地」當兵，如果敵人入侵你投降，那你家屬就會被

殺掉，不玩命打仗就會被敵人殺掉，所以逼得你必須往死裡拚。

司馬師堅守不戰，時間拖得越久，對面的「叛軍」就越擔憂自己的家人和未來。

果然沒多久，毌丘儉軍出現了大量的士兵叛逃，只有淮南新抓的壯丁還聽指揮。[1]

為什麼「淮南新附農民」還聽話呢？因為他們的家鄉在淮南，此時身處「死地」，而且人質被毌丘儉扣在壽春。

戰爭的核心永遠是利用人性的兩端：要麼極度利用士兵的貪欲和特殊年齡段的激素水平；要麼極度攻擊士兵的弱點和他不能承受的代價。無論時代怎麼演變，包裝得多麼花裡胡哨，核心都是這個意思。

司馬師在對面出現大量叛逃士兵後，已經官至兗州刺史的鄧艾督泰山諸軍萬餘人到樂嘉示弱誘敵，自己悄悄地跟進，準備一舉殲滅毌丘儉。

不過就在這次輕兵奇襲中，發生了黑天鵝事件。

雙方在樂嘉突然相遇了，文欽之子文鴦極其雄健，認為此時司馬師還未安營，應該趁此遭遇戰打他一傢伙，於是分為兩隊開始夜襲。

文鴦此戰打得極具恐怖效果，軍中大驚，司馬師則因為此次突如其來的夜襲，急火攻心，把手術傷口側的眼珠給驚掉了！[2]

按照常理講，文鴦即將名垂史冊。因為接下來的走向通常就是司馬師軍中大亂，自相踐踏，四散奔逃。甚至司馬氏的政權會在司馬師重傷以及此戰大敗後迅速地走向自我崩潰。

1　《三國志·毌丘儉傳》：儉、欽進不得鬥，退恐壽春見襲，不得歸，計窮不知所為。淮南將士，家皆在北，眾心沮散，降者相屬，惟淮南新附農民為之用。
2　《晉書·景帝紀》：鴦之來攻也，驚而目出。

但是，司馬師作為司馬懿願意為了他被永遠釘在恥辱柱上的接班人，這位司馬家最狠的角色，在罕見的爆睛後居然將自己的腦袋用被子捂住，隨後死死地咬住了被子不發出任何聲音，連身邊的人都沒有看到異樣。所有人只能看到他嫌吵蒙著腦袋躺那裡繼續很淡定地睡覺！

雖然這是司馬師的第一次外出征戰，但他卻如古之名將一樣，展現出了夜驚的最完美解題方案——堅臥不動！這還是在他突然重傷的情況下完成的判斷！

要知道，「夜驚」可是讓諸多名將折戟沉沙的最難考題，比如曹家的千里駒曹休，石亭之戰最終就是敗在夜驚上。

因為司馬師的鎮定，軍隊指揮系統迅速恢復了正常，不僅沒有亂陣腳，而且在文鴦衝進軍陣後反覆衝殺三通鼓的時間裡居然頂住了文欽的接應部隊，讓他衝不進來！

張遼附體的文鴦看到如此情況，帶著隊伍從司馬師軍中衝了出來開始撤退。

最危險的時刻過去後，司馬師掀開被子露出真面目，強忍疼痛命令諸將：「文欽要跑，給我追！」

諸將看到司馬師的造型都被嚇傻了，表示咱先別追了，但司馬師展現出了精準的判斷：「一鼓作氣，再而衰，三而竭，文鴦三鼓文欽都搶不進來，其勢已屈，趕緊給我追！」

當初將司馬懿的洛水發誓傳話給曹爽的那位心腹尹大目，看到司馬師突然重傷只剩一隻眼，心中盼望著能為曹爽復仇，於是請求去說降逃跑的文欽，隨後司馬師放行。

尹大目隻身追去，遠遠對著文欽喊道：「君侯何苦若不可復忍數日中也！」這幾乎是明明白白地通知文欽再堅持幾天，司馬師不行了！

文欽平時光知道貪污喝酒了，腦子進水了根本聽不懂什麼意思，大

罵道：「你是先帝身邊的人，不報恩反而為虎作倀，必遭天譴！」張弓欲射尹大目。

司馬師遣左長史司馬璉督驍騎八千追擊，使將軍樂林等督步兵繼其後，追到沙陽，徹底衝垮了文欽的軍陣，文欽軍投降，文欽父子與麾下逃亡東吳。

毌丘儉聽說文欽戰敗，大恐，連夜撤退，眾將星散，逃到慎縣時毌丘儉只剩親近兩人，被安風津都尉部民張屬就射殺，毌丘儉和文欽所迫脅將士全部歸降。

這淮南的第二叛，某種意義上完成了它的歷史使命。因為司馬家族最重要的資產司馬師，由於眼珠崩裂，此時不行了！司馬懿最寄予厚望的長子，僅僅掌權四年多就要找他報到去了。這也是司馬家族政權崩盤的第一塊多米諾骨牌。

司馬師在執政的這四年多裡，完成了以下幾件事：

1. 成功地耗死了江東最大鷹派諸葛恪。

2. 通過提拔和籠絡，讓大量曹魏的第二代大臣站隊到了自己麾下。

3. 通過李豐案將中央幾乎所有的敵對勢力一網打盡。

4. 最後在毌丘儉「只反他一人」的「頂級陽謀」後，剛剛做完手術的他給出了完美回答，頂住了這最凶險的淮南第二叛。

可以這麼說，自司馬懿奠基後，消滅中央和地方的絕大部分反對勢力並建立自己的擁護力量，完成改朝換代的最終格局，全是在司馬師這一屆完成的。

自陰養那三千死士開始，司馬師幾乎是司馬家最終能夠拿下天下的最關鍵人物。老爺子奠基謀篇佈局那自另當別論，但真正完成突破的，其實都是他這個兒子。

司馬師的巨大威望與開國勳勞也為今後西晉的大亂埋下了伏筆。因為他弟弟司馬昭跟他比起來差得太遠。也正因為如此，後來在司馬氏第三代的接班人選擇上，出了怎麼選都是錯的大問題！

英明神武的司馬師不僅意外早死，而且沒有生出兒子來。不是他沒有能力，他在二十六歲之前跟結髮妻子夏侯徽生了五個孩子。全是閨女！

對於這個不遜其父司馬懿的頂級大才來講，世上無難事，除了生兒子。他髮妻死了以後，之後的二十二年，司馬師死活再也生不出一個孩子來了。

高平陵之變，是個關鍵時間點。洛水發誓後不久，司馬家陰差陽錯的報應開始神奇地、接二連三地出現！

基業雛形出現了，下一屆接班人司馬師過繼了弟弟司馬昭的二兒子司馬攸為自己的接班人。

司馬昭有兩個兒子，長子司馬炎和次子司馬攸都非常優秀，尤其司馬攸，更是被讀了一輩子人的司馬懿相當看重。

司馬攸長大後並沒有辜負他爺爺的眼光，性格好、學問好、能力強，堪稱世間楷模，口碑、威望比他哥哥司馬炎還要高。[3]

司馬師過繼司馬攸，這裡面應有司馬懿的意思。按照司馬懿的思路，司馬家族壽命通常七十歲起步，司馬師死的時候司馬攸已經三十多歲了，這個被看好的第三代接班人完完全全地能接司馬師的班了。

但是，誰也沒想到，司馬師會在接班後眼上長了瘤子。更沒有想到毌丘儉會使這麼毒的「陽謀」。更更沒有想到，文鴦會萬夫莫當地搞這麼驚悚的夜襲！

3　《晉書‧司馬攸傳》：及長，清和平允，親賢好施，愛經籍，能屬文，善尺牘，為世所楷。才望出武帝之右⋯⋯

司馬師比司馬家族人均壽命短了二十年，死的這一年，司馬攸僅僅八歲，司馬攸的哥哥司馬炎卻已經二十歲了。

司馬昭一直是有自知之明的，上位之後經常掛在嘴邊的一句話是：「這是我哥哥打下來的天下。」[4]

司馬昭貌似挺明白，但後面真正選下一任接班人時，就費勁了。一方面是「此景王之天下也」，接班人司馬攸還「為世所楷，才望出武帝之右」。一方面是司馬炎「寬惠仁厚，沈深有度量」又配上個「髮委地，手過膝，此非人臣之相也」的外表。

這兩個孩子哪怕有一個是傻子，抉擇起來都不用這麼費勁。

如果司馬炎是傻子，那他就規規矩矩還政二兒子司馬攸，本來宗法上也叫還政景王一系，名正言順，自此晉朝統序回歸正常。

如果司馬攸是傻子，那就無可爭議，大兒子司馬炎接班，國家不能托付給傻子，我哥哥功勳再大也得為天下著想。

結果偏偏兩個孩子都非常優秀，最終司馬炎因為歲數大、籠絡的政治資本多從而上位。但是，司馬師的威望無雙配合著司馬攸的超級素質從此成為司馬炎頭頂上永遠提心吊膽的無形枷鎖。這也導致了最終司馬炎的一系列讓人慨歎「因果不爽」的權力打法變形！

西晉自立國之後我們所有看不懂的權力運作，全是圍繞司馬炎防他弟弟展開的。兩個高水平接班人撕扯終生的「炎攸暗戰」，也成為後面西晉之亡的最大導火索！

先來看此時此刻司馬家的第三代權力交接局面。

司馬師在擊潰毌丘儉後下令讓在洛陽監控朝局的司馬昭火速趕來接班！

4　《晉書·武帝紀》：每曰：「此景王之天下也，吾何與焉。」

閏正月二十八日，司馬師沒見到他弟弟就死了。隨後司馬師身邊的尚書僕射傅嘏和典知密事的鍾會秘不發喪，隱瞞死訊，最終等來了司馬昭。

司馬昭到後不久，著名猛壯士皇帝曹髦以東南新定的理由命司馬昭鎮守許昌，令傅嘏率大軍回京師。

曹髦看到了這關鍵的時刻，決定搏一把。此時如果曹芳還在的話，如果李豐、夏侯玄等潛在反對司馬家族的勢力還在的話，這次司馬師出事很有可能幫曹家重新奪回政權。

因為三點：

1.皇帝在洛陽，年齡也正好親政，擁有最高合法性。

2.李豐、夏侯玄等有足夠的力量去接手司馬家在洛陽的佈局。

3.所有出征軍官、將士的家屬在洛陽。

但是，此次叛亂又恰恰是因為曹芳系的人被連根拔起，所以毌丘儉才決定拚命，最終驚爆了司馬師的眼。

此時曹髦剛剛繼位不到三個月，自己什麼勢力都沒有！雖然貌似有著最高合法性，雖然出征將士家屬都在洛陽，但是他沒有在短時間內換掉司馬氏控制宮禁、尚書台等核心部門的能力。

所以當傅嘏的報告打來，說我們在司馬昭先生的帶領下要一塊回洛陽，在洛水南駐軍，您看著辦的時候，曹髦迅速妥協了，拜司馬昭為大將軍，加侍中，都督中外諸軍、錄尚書事，輔助朝政。

就此，來到司馬家創業的第三代了。雖然有一點點小驚險，但司馬昭接班後發現，擺在他面前的，似乎沒有什麼阻礙了。

256年春正月，司馬昭加大都督，奏事不名。

夏六月，晉封高都公，地方七百里，加之九錫，假斧鉞，進號大都

督，劍履上殿。司馬昭固辭不受，完成了第一輪加九錫運動。

第一輪固辭九錫後，心腹長史賈充建議派人下去慰勞征東、征南、征西、征北四將軍，觀察這四位將軍的政治意識。

賈充作為特派員，親赴最要緊的淮南巡查。回來後司馬昭得到匯報，征東大將軍諸葛誕不合格！

淮南的最後一叛，也是最大規模的曹魏內戰，隨著賈充斬釘截鐵地預警，即將打響。

六、有時候，歷史要比劇本敢想、敢幹得多

諸葛家族比較神奇，在司馬家族事業騰飛的關鍵時刻，諸葛家族都在扮演著點炮的角色。

當年丞相在給司馬懿帶來無限羞辱的同時，也讓司馬懿在關中幹了近七年的總督。司馬懿一點兒沒糟蹋地利用這近七年的時間，將關中打造成了自己的鐵票倉，還利用丞相的萬丈光芒樹立起了只有他司馬懿能撐住危局的璀璨人設。

諸葛家的第二桿旗是諸葛亮的姪子、諸葛瑾之子諸葛恪，這位爺雖然把司馬師嚇唬得夠嗆還首戰告捷，卻最終在三國最大規模會戰中敗下陣來，為司馬師穩定接班局勢投了最大的功業票。

現在到丞相的族弟諸葛誕了，他成了第三個點炮手。諸葛誕從心底很可能早就想反，但造反他想造最大的！

淮南二叛時，毌丘儉與文欽在壽春起兵，派使者聯絡豫州刺史的諸葛誕，結果因為噁心文欽，諸葛誕不僅斬殺了他們的使者，還在平叛的過程中第一個衝進了壽春城。

諸葛誕表態後，作為最後一個在淮南有著多年經驗的老人，重傷的

司馬師迅速封諸葛誕為鎮東大將軍都督揚州，令他防範東吳的趁火打劫。

諸葛誕調防壽春後不久，江東的打劫團夥就來了，孫峻、呂據、留贊等看到壽春已經有了防備於是撤退，反而被諸葛誕一通追擊並幹掉了將軍留贊。

這次的政治站隊，使得諸葛誕成為司馬家的好幫手，諸葛誕因此獲封高平侯，邑三千五百戶，遷征東大將軍。

不過諸葛誕的此次叛變，頗有點兒三國殺裡間諜殺反賊向主公邀功的感覺。從他後面的動作來看，他早就有企圖和預謀。

他成為東南一把手後，在當地開始收買人心，蓄養了數千死士。一年後，諸葛誕又以東吳有意進攻為由，向朝廷要求增兵十萬並沿淮河築城抵禦。[1]

這和當年王凌的藉口是一樣的。

賈充之所以建議司馬昭要去巡查四征將軍，是因為組織淮南專案組太明顯了，那三個人都是幌子，主要查的就是征東大將軍諸葛誕。

賈充作為特派員專門去的淮南，考察回來之後對司馬昭說：「趕緊把諸葛誕調回來，此人在淮南有大威名，已經是民望所歸，現在調回來就算他狗急跳牆但仍然屬於可控範圍，要是再晚就該出大禍了！」[2]

257年五月，司馬昭做好了全部準備，下詔升諸葛誕為司空入朝任職。

1　《三國志‧諸葛誕傳》：甘露元年冬，吳賊欲向徐堨，計誕所督兵馬足以待之，而復請十萬眾守壽春，又求臨淮築城以備寇，內欲保有淮南。
2　《三國志‧諸葛誕傳》：充還啟文王：「誕再在揚州，有威名，民望所歸。今征，必不來，禍小事淺；不征，事遲禍大。」

諸葛誕馬上叛變，殺治所同在壽春的揚州刺史樂綝，調集十五萬淮南將士和近一年的糧餉據守壽春，派吳綱領自己的小兒子諸葛靚到東吳請求援兵。

六月，司馬昭帶著曹髦和太后一塊御駕親征。

七月，司馬昭調青、徐、荊、豫及關中游軍，令皆會於淮北；司馬昭駐軍丘頭，共二十六萬大軍空國撲來。

此時吳國主政的是宗室孫綝，孫綝派出將軍全懌、全端、唐諮等人領兵三萬，與上一次投降過來的文欽一起去救援諸葛誕。

東吳救援趕到，魏軍先鋒阻擊不利，將軍李廣臨敵不進，泰山太守常時稱疾不出，這二位被司馬昭斬首並向全軍展示。

見血後的魏軍開始醒盹兒，鎮南將軍王基開始督諸軍圍壽春，救援的文欽、全懌看到魏軍來真的了，於是在魏軍尚未合圍完成前從城東北，因山乘險突入壽春城幫助諸葛誕固守。

吳國援軍進入壽春，王基統諸軍的四面合圍徹底成型，魏軍在壽春城外搞了兩層包圍工事，開始日復一日地加固施工，將壽春城圍若鐵桶一般。

在王基圍壽春的同時，司馬昭派心腹奮武將軍監青州諸軍事的石苞統領兗州刺史州泰、徐州刺史胡質的精兵作為游軍自由人，阻擊吳軍增援。（見圖13-4）

文欽等率兵數次突圍，殺不出來。

吳將朱異再率兵萬餘人來救諸葛誕，留輜重於都陸，輕兵渡黎漿水後遇到了石苞的阻擊軍。試探地碰了碰，發現根本打不動。新上任的泰山太守胡烈則以奇兵襲擊都陸，焚其糧草，石苞、州泰再攻朱異，大破之。

孫綝讓朱異再次出戰，朱異以糧乏兵疲為由，拒不出戰。一敗再敗的吳軍已經是強弩之末了。

圖 13-4　魏軍圍困壽春示意圖

　　孫綝最終殺了朱異領兵回到建業，擺出一種姿態：「諸葛誕你要加油啊！那個不努力救援的被我殺了！我回去叫人去了！你等我。」

　　這招被司馬昭看穿了，內部討論會上就達成了共識：朱異救不了壽春不是他的罪過，被殺不過是為了堅諸葛誕之心，咱們正好順勢而為，溫水煮青蛙地把壽春城的糧食耗盡，不能讓諸葛誕現在兵強馬壯地跟咱拚命！司馬昭開始放出自己缺糧的消息，並不斷派間諜向壽春城內散播吳國救兵將至的消息。

　　諸葛誕因此並不注意節省糧食，總是舉辦各種活動激勵士氣，但是過了很久發現吳國救兵也不到，而且城外的軍隊並沒有出現虛弱的跡象，諸葛誕開始慌了。

　　其實司馬昭怎麼可能比他先缺糧！

自許昌到壽春的軍屯已經被他老爺子建設得連成了一片，整個中原乃至黃河以北的物資可以通過汝水、潁水、渦水、睢水、泗水源源不斷地走淮河匯聚到壽春，如果沒有江東的支援輸血，怎麼可能耗得過他！（見圖13-5）

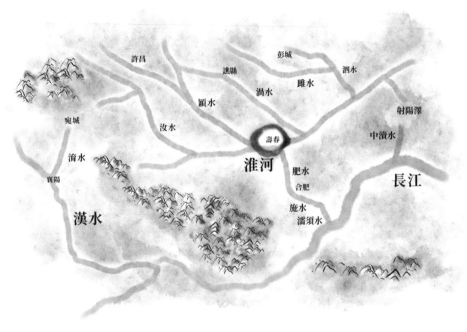

圖13-5　壽春樞紐位置圖

司馬昭只要卡死了南下來支援的肥水交通線，諸葛誕跟司馬昭拚消耗就是死得早晚的問題。

其實諸葛誕是有戰略預案的，最開始他之所以擁有十幾萬人卻選擇在壽春城中固守待援，直接放棄了城外駐防，是因為壽春每到雨季必定淮水氾濫，大水直接淹到壽春城下。[3]

3　《晉紀》：初，壽春每歲雨潦，淮水溢，常淹城邑。

司馬昭圍城的時候正好是夏秋之交每年淮水最氾濫的時節，諸葛誕是誠心誘惑司馬昭前來圍城的。[4]

所以說，司馬昭的作戰指揮水平其實相當一般，身邊也確實缺乏淮南專家進行參謀，這個戰略部署其實相當危險。搞不好是要當于禁的！

不過有時候天意真的好神奇，也許是曹氏真的國祚將盡，也許是諸葛誕在之前淮南兩叛的表現實在不讓老天爺待見，結果誰也沒想到，自打司馬昭來了，就再也沒下過一滴雨。[5]

困守半年後來到冬季，不會再有水攻助力了，諸葛誕的心腹蔣班、焦彝建言：「別等了，雨水是來不了了，東吳也以發兵為名坐觀成敗不會再來了，現在趁著眾心尚固，士卒思用，並力決死，攻其一面，雖然不能大勝，但咱們是能夠保全有生力量的！」

文欽說：「誕公你現在舉十餘萬之眾內附，我文欽與全端等陪著你在死地駐防，這幫人的父子兄弟全都在江東，就算孫綝放棄我們，那幫人的親戚能幹嗎？現在北面軍民並疲，已經守我們半年多了，已到強弩之末，咱們應該再等等！」

諸葛誕認可了繼續固守的想法。

蔣班、焦彝仍然在不停地勸諫，文欽開始管不住自己的脾氣大怒，諸葛誕也被煩得想殺了蔣班，做死戰到底的堅守表態。二將一看情況不對，十一月，出城投降司馬昭。

恰巧在這個時候，吳援軍中的全懌家屬在江東犯事了，全端的姪子全禕、全儀帶著全懌他媽及全家逃奔魏國來了。鍾會令全禕、全儀手書勸降全懌，不久城中的全懌率數千人出城投降。

4　《晉紀》：故文王之築圍也，誕笑之曰：「是固不攻而自敗也。」

5　《晉紀》：及大軍之攻，亢旱逾年。

壽春城中士氣開始向下，這隻被煮的青蛙跳出來的可能性越來越小。

258年正月，又堅持了一個季度後，城中的糧食儲備已經快見底了，諸葛誕死心了，知道吳國援軍真的不會再來了，開始大做攻擊武器，晝夜五六日連續攻擊南圍，打算突圍而出。

結果諸葛誕的城中軍在這幾日的突圍過程中被南圍守軍成功阻擊，魏軍的投石車和火箭將諸葛誕的攻圍器械擊毀，投石車和弓弩齊發，諸葛誕在連續數日的死傷慘重後放棄了突圍的想法。

此番回城後，文欽勸諸葛誕將北方人的士兵全都放出城去減省糧食。這幫人的家屬都在北方，都在司馬昭手中，本來也是被脅迫不會盡力，還不如全都散出去，增加司馬昭的給養負擔，光留吳國援軍在這裡堅守就夠了。

諸葛誕不聽，這十幾萬北軍是他的籌碼，雙方因為這個問題談不攏開始想起了過去的那些不愉快的日子。

一旦互不信任的齒輪開始運轉，雙方的關係開始迅速惡化，最終諸葛誕先下手為強，殺了文欽。

文欽之子文鴦和文虎此時帶兵在壽春小城內堅守，聽說他爹讓人殺了，準備帶兵去找諸葛誕拚命，但吳軍不為其所用，文鴦和文虎逃出城去，投奔了司馬昭。

小弟們看到司馬家天字第一號的仇人、爆睛慘案製造者的文鴦來了，紛紛要求迅速為司馬師報仇。

但文鴦的這個時機選擇得太好了，司馬昭根本沒有選擇，必須大度，赦免了間接殺兄的文鴦，這成為一個巨大的廣告牌，隨後司馬昭令文鴦帶著幾百騎兵巡城高喊：「文欽之子尚且不被殺，其餘之人有什麼可顧慮的？」

在文鴦牌廣告車的大喇叭投放下，壽春城內士氣開始暴跌。

司馬昭親自來到包圍圈，見城上持弓者不發箭，說：「可以攻城了。」

魏軍攻城之時，士氣和軍糧跌到谷底的壽春城內已經無人出力了。[6]

諸葛誕看到大勢已去，率領最後的死士們突小城而出，被司馬昭的大將軍司馬胡奮部兵逆擊斬首。

258年二月乙酉日，魏軍攻克壽春城，諸葛誕被夷三族。

城破那天，大旱了近一年的淮南開始狂降暴雨，司馬昭的圍壘全部被澆垮了。[7]

諸葛誕和文欽再挺幾天，不就都衝出去了嗎？但誰能想得到雨季滴雨不下，二月份居然會狂降暴雨。

歷史有的時候真的是比劇本還誇張。

至此，淮南第三叛，也是最大的一叛落幕。諸葛家族為司馬家族完成了最後一次點炮。

司馬昭憑此巨大軍功，加速了自己換房本的最後一個步驟，五月，「封晉公，加九錫，進位相國，晉國置官司」的加封就已經噴薄而出了。

司馬昭照慣例推辭了第二次加九錫之禮，最終增邑萬戶，食三縣，諸子無爵者皆封列侯。

七月，司馬昭為老臣們的子弟要待遇，大規模地討好老臣集團。

轉年六月，司馬昭分荊州置二都督，王基鎮新野，州泰鎮襄陽；陳騫都督豫州；鍾毓都督徐州；宋鈞監青州諸軍事，將最重要的揚州交給了家族鐵桿的石苞。全國的所有軍區，就此緊密地團結在了以司馬昭為

6　《三國志·諸葛誕傳》：城內喜且擾，又日饑困，誕、諮等智力窮。大將軍乃自臨圍，四面進兵，同時鼓噪登城，城內無敢動者。

7　《晉紀》：城既陷，是日大雨，圍壘皆毀。

核心的大將軍周圍。

又過了一年，260年夏四月，天子再提晉公加九錫之事，司馬昭完成了第三次加九錫的推辭。沒辦法，就這劇本，王莽、曹丕一路都是這麼來的。

不過不會再有第四次了，因為前戲已經足夠了。誰都知道下一步是什麼了。司馬昭之心，早就路人皆知了。

看上去，馬上就要「晉、蜀、吳」三足鼎立了。

就在這個重大歷史關頭，一步步按部就班的司馬家再次迎來了巨大的變量，曹家房本的名義所有人要跟司馬昭拚了。

此時的魏主曹髦，是個爺們兒。當初廢掉曹芳後，司馬師的打算是立曹操之子彭城王曹據為帝。此時的曹據已經一把年紀了，為什麼司馬師要立一個成年人，而不是立一個好擺弄的小孩子呢？因為司馬師打算從根上否定曹丕這一脈，另立新山頭。

曹家所有的皇恩浩蕩都是圍繞曹丕、曹叡、曹芳這一系蓋章簽字的，整個官僚系統都是感恩曹丕這一系的曹家皇帝，皇帝的親孫子和皇帝兄弟的孫子對於下屬來講完全兩個分量。

曹家所有的諸侯王自曹丕繼位後就全都被防得像賊一樣，曹據對所有人都沒有恩典，也就談不上有像毌丘儉對曹叡那種豁出命去報答曹據的人了。

一叛時，王凌的革命動機一直被懷疑也是因為他打算立的是曹操的另一個兒子楚王曹彪，立這個曹彪並不能調動起潛在擁護曹家的更多資源，相反便於革命成功後他能夠控制。

政治博弈這種最高級別的人類智慧，每道題的具體解法，都是無法拿公式生搬硬套的。每遇到一件事，都有人際關係、利益、獎勵、威懾、恐嚇、榮耀、誠實、欺騙……軟、硬、增、減等近乎於藝術範疇的

解題方法和整體規劃。

一直配合司馬家的郭太后不同意，曹據的輩分比她還高，那樣她這個太后就沒有名義再幹下去了，最終多方溝通後立了曹丕庶子東海王曹霖的在世庶長子曹髦。繼承曹霖東海王爵位的嫡子曹啟被排除在外了，因為嫡子的政治資源和聲望相對來講威脅會更大一些。

結果司馬師千算萬算後，還是算漏了一招，還不如立那個嫡子呢！

曹髦，這位可能是曹家的最後一位好兒郎，就這樣被陰差陽錯地挑選出來了！

還是那句話，歷史要比劇本敢想、敢幹得多！

這位曹髦不僅是個爺們兒，還是個正經的大才。文章、政論、繪畫，那都是在中國歷史中有號的。

向來以挑剔眼光看人的著名文化人鍾會後來這麼評價曹髦：「才同陳思，武類太祖。」

雖說有誇的成分，但用曹植、曹操來比，實在是說明曹髦不得了。

這位才同陳思、武類太祖的曹髦，在司馬氏謀國走到最後一步的時候，爆發出了曹家最後的餘烈與光輝！

靠著極其可憐的資本，曹髦親手引爆了司馬家謀國道路上的最大危機，並用自己的生命將司馬家的國祚進行了詛咒與封印！這也間接衍生出了史上最神奇的入川演出。

自袁紹189年八月革命的一聲炮響，彈指一揮間，七十載春秋寒暑來去匆匆，多少英傑雄烈上場，縱橫馳騁，謝幕回首，恍然如夢。風雲散盡塵埃定，變了時空，滾滾長江東逝水的三國時代，最後三位狠角色，該你們上場了！

第 *14* 戰

二士爭蜀：史上最傳奇的入川演出

一、天子之血對司馬氏的詛咒

歷史的車輪，來到三國系列的終章了。

滅吳呢？滅吳要等到《兩晉悲歌》了。不僅如此，滅吳之戰僅僅是司馬炎和他弟弟司馬攸的宮鬥戲中的一齣戲，根本談不上主角。

所謂「天下大勢分久必合」的最關鍵一戰是滅蜀之戰，因為這一戰，幫助司馬家渡過了最後一個超級大危機。

不僅如此，我們還將看到一部不合時宜的作品對於一個國家的統治基礎來講，會起到怎樣的摧毀效果。這段故事也將為我們展現，在我們國家幾千年的歷史中，從文化上完成內部瓦解的很罕見的案例。

整個滅蜀的過程，從謀篇佈局到文化瓦解，從人傑鬥智到兵行險著，極其精彩，堪稱史上最神奇的入川表演。此戰作為精彩紛呈的三國時代的收官之戰，也算得上是夠分量的壓軸之作。

此戰之所以會早早在公元263年打響，起因於曹家最後的勇烈之人曹髦。

曹髦被選拔出來代替曹芳為帝，十四歲的孩子就知道在百官迎接的時候下車回拜百官。

禮儀大臣說：「你不用拜他們。」

曹髦說：「我現在也是臣子，那些人都是棟樑長輩，必須拜。」

到了止車門後曹髦下車，左右說：「你不用下，那是讓大臣們下車開始步行的位置。」

曹髦說：「我被皇太后喊到洛陽，還不知道幹什麼呢，必須跟長輩們一起步行。」

這趟見面禮下來後，曹髦取得了什麼效果呢？所有當天參與全程的官員們都非常開心，感到非常榮幸。

曹髦僅僅十四歲，這是種什麼政治天賦？這孩子特別知道怎麼拿一分錢不用花的規矩和尊重為自己加碼。從這些細節也能看出來為什麼曹髦後來能在水潑不進的禁軍系統中安排了肯為自己賣命的死士。

這個人貴為天子，你是個禁軍的小官，雖然天子是紙糊的，但當他表現出了對你不同尋常的尊重時，你是否會覺得內心中升起了一種使命感呢？當你看到這麼年輕有為的天子被人欺負得喘不過氣來，你是否認為應該為了天下蒼生做些什麼呢？

有句老話，叫作士為知己者死。

教孩子懂規矩是為了什麼？是通過行為規範的引導，讓孩子習慣成自然地散發出來尊重人、理解人的氣場，然後讓身邊的大多數人發自內心地想幫你。

社會中，極大比例的資源是掌握在四十到七十歲的人手裡。這個歲數的人都具有豐富的閱歷，會看重一個年輕人什麼呢？想明白這個道理，很有必要。

越高級的貴人，挑人時越往本質看。你是否會知恩圖報，你是否會利益分享，你是否會背信棄義……咋看出來的？通過每件事去品？貴人哪有那麼多的時間！而且更重要的是，根本用不著太長時間！判斷一個

人通常短短幾分鐘就足夠了，聲音、語氣、表情、面相、站姿、坐相、一兩個小問題的回答方式，基本八九不離十。所謂的面試，永遠考的是你前面人生的一個基本功。

曹髦繼位不到半年，司馬師死於許昌，司馬昭去接班，曹髦迅速下令司馬昭鎮守許昌，命尚書傅嘏帶六軍回洛陽。

司馬昭沒有就範，曹髦迅速又聽話地讓司馬昭接司馬師的班。

在幾乎什麼資源都沒有的時候，趁著這個機會敢做試探，如果司馬昭慫了一點兒，曹髦任命別的德高望重的人接班，哪怕就是讓司馬孚上位，司馬氏都將陷入內亂之中。一擊不成，迅速認慫，繼續合作，這份膽氣和套路，真的不像一個十五歲的孩子。

曹髦在位時，政務已經全部歸了司馬家，但他利用最後的能動性一直在搞最高級別的學術論壇。年紀輕輕的曹髦跟天下頂級的那幫人精辯論夏少康和漢高祖的高下，並最終定少康為優，那些所謂大儒們還都心悅誠服。[1]

少康領導復國成功，開創過「少康中興」。

曹髦在盡力地佔領思想高地，力所能及地日拱一卒，讓曹氏天子這塊招牌仍然有存在感和影響力。

這個十幾歲的孩子在位的這幾年，每一步都在「力所能及」的範圍內走得漂亮無比。

時間來到260年四月，曹髦在脅迫下再提晉公受九錫之事，司馬昭完成了第三次受九錫的推辭。

自254年代替曹芳，曹髦雖然一直在日拱一卒，但司馬家明顯拱得更快。司馬昭已經把他摁在地上摩擦五年了。眼瞅司馬氏建晉的步伐已經勢

1　《資治通鑒‧魏紀九》：帝宴群臣於太極東堂，與諸儒論夏少康、漢高祖優劣，以少康為優。《魏氏春秋》：於是群臣鹹鹹悅服。

不可當，曹髦決定，進行最後的行動：260年五月初六夜裡，曹髦讓冗從僕射（宮中侍衛主官）李昭等部署甲士，準備趁第二天朝會幹掉司馬昭。[2]

注意，這一夜中並沒有洩密！結果轉天卻下起了大雨，有司奏事被改日了，天不佑曹魏！

曹髦最開始的計劃，一直被人們忽略了。他是想在殿中安排死士，趁著司馬昭上殿的時候搞死他。

如果司馬昭突然被殺，司馬氏建國的步伐就將停滯，司馬炎此時僅僅二十四歲無任何政治資本，很有可能司馬孚一脈將和司馬懿一脈針對後面的權力分割圖窮匕見，這種局面，將非常有利於曹家伺機重新恢復皇權。

只要你不封公建國，沒辦法名正言順地將政治權力以遺產的形式傳下去，後面曹家的皇族就仍然有機會。

霍光這麼有能力，死了之後劉病已恢復皇權成功。東晉這麼弱，但世家大族彼此制衡，只要沒有到封公建國這份上，頭把交椅就得大族們輪著坐。

這突如其來的大雨，把曹髦的希望澆滅了。因為一夜能夠保密，但保密更長時間就太難了，隔牆有耳，人心難測，時間越久，情況越複雜。

曹髦大概率這個時候決定以身殉國！之所以這麼說，是因為曹髦後面的所有行為邏輯，根本不再是奔著找司馬昭拚命去的，而是盡最大可能地去擴大影響！

曹髦看到尚書王經、侍中王沈、散騎常侍王業後，將這哥仨喊過來

2　《魏氏春秋》：戊子夜，帝自將冗從僕射李昭、黃門從官焦伯等下陵雲台，鎧仗授兵，欲因際會，自出討文王。

做了戰前演講，說出了那句著名的話：「司馬昭之心，路人皆知！」[3]

曹髦表示，我要帶著你們哥幾個去幹死司馬昭！[4]

尚書王經建議：「甭費勁了，要認清形勢。」

曹髦表示：「不忍了，死了也比這樣活著強，況且還不一定誰先死呢！」說完，自己去找太后報告去了。[5]

曹髦的這一整套打法，目的就是讓宮中的人去給司馬昭報信。

王沈和王業都是司馬家的死忠，太后更是司馬家的人！

曹髦前腳走，王沈、王業後腳就向司馬昭報告去了。司馬昭開始緊鑼密鼓地進行準備。[6]

隨後，曹髦拔劍誓師，敲戰鼓搞出了最大噪音，率領自己可憐的數百人去討伐司馬昭！[7]

他前天夜裡就已經秘密武裝完衛隊了，如果還打算搞死司馬昭，應該偷偷地帶著這幫武裝去偷襲司馬昭，而不是通知了司馬氏的所有眼線還敲鑼打鼓地整這一齣。

在皇宮外，他偷襲成功的可能性幾乎為零。曹髦的唯一目的，就是把影響搞到最大，讓局面徹底地不可收拾！

隨後，中國歷史上很神奇的一幕出現了：一個皇帝親自帶一小隊人去打被禁軍團團保護的一個大臣的家。

曹髦駕著天子車輦大喇叭廣播要討伐有罪之人，敢有騷動抵抗者滅族。

3　《魏氏春秋》：會雨，有司奏卻日，遂見王經等出黃素詔於懷曰：「是可忍也，孰不可忍也！今日便當決行此事。」帝見威權日去，不勝其忿。乃召侍中王沈、尚書王經、散騎常侍王業，謂曰：「司馬昭之心，路人所知也。」

4　《漢晉春秋》：吾不能坐受廢辱，今日當與卿等自出討之。

5　《漢晉春秋》：帝乃出懷中版令投地，曰：「行之決矣。正使死，何所懼？況不必死邪！」於是入白太后。

6　《漢晉春秋》：沈、業奔走告文王，文王為之備。

7　《漢晉春秋》：帝遂帥僮僕數百，鼓噪而出。《魏氏春秋》：入白太后，遂拔劍升輦，帥殿中宿衛蒼頭官僮擊戰鼓，出雲龍門。

第一波阻攔的是司馬昭的弟弟屯騎校尉司馬伷，司馬伷的手下被曹髦嚇跑了。這次沒阻攔成功，使得曹髦達成了此次政變最偉大的戰略目標，闖出了皇宮！

因為《魏氏春秋》中寫明瞭曹髦的路線地標：帥殿中宿衛蒼頭官僮擊戰鼓，出雲龍門。

關於雲龍門的位置，有一種說法，是皇宮內。

但經過同時代的史書對照後，我們就能發現，曹髦戰隊衝出了皇宮，進入了洛陽城！

司馬炎死後，賈南風搞政變奪權的時候，當時的外戚實權一把手楊駿在曹爽故居得到了消息，他的手下給他出的關鍵一招就是「燒雲龍門」，既示威，又能打入宮去。[8]如果雲龍門在皇宮內部，此時在宮外的楊駿是無法進行放火示威的。

所以雲龍門的位置，一定是皇宮的外門，如圖14-1所示。

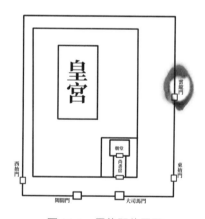

圖 14-1　雲龍門位置圖

8　《晉書·楊駿傳》：時駿居曹爽故府，在武庫南，聞內有變，召眾官議之。太傅主簿朱振說駿曰：「今內有變，其趣可知，必是閹豎為賈后設謀，不利於公。宜燒雲龍門以示威，索造事都首，開萬春門，引東宮及外營兵，公自擁翼皇太子，入宮取奸人。」

這個位置也符合曹爽府到皇宮的位置，雲龍門是最近的一個門，楊駿手下建議火燒示威時最便捷。

除此之外還有一個側面的證據，司馬昭對他的小弟，滿寵之子，大將軍掾滿長武的態度。

司馬昭派了一波又一波的人去攔曹髦，司馬伷帶兵打算從閶闔掖門進的時候，被大舅子滿長武攔住了，說這裡不能進兵，沒有先例，妹夫去走東掖門。[9]因為司馬伷的這次遲到，曹髦衝出去了。（見圖14-2）

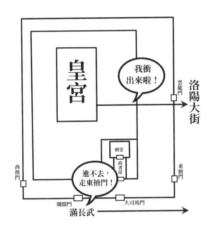

圖 14-2　曹髦衝出皇宮示意圖

司馬昭事後將這位跟自家有親戚的超級將門之後收監活活地打死了。

司馬昭為什麼這麼生氣呢？因為曹髦跑出皇宮後的影響實在太壞了！老百姓們可以全程圍觀了。

等到中護軍賈充趕到的時候，曹髦一行已經衝到南闕了，大概相當於東掖門的位置。[10]

9　《世語》：高貴鄉公之難，以掾守閶闔掖門，司馬文王弟安陽亭侯伷欲入。伷妃，偉妹也。長武謂伷曰：「此門近，公且來，無有入者，可從東掖門。」

10　《漢晉春秋》：中護軍賈充又逆帝戰於南闕下……

賈護軍治軍嚴謹，沒讓曹髦嚇跑，但曹髦以他祖宗曹操手刃數十人殺出重圍的氣概親自拿出寶劍拚殺。

畢竟那是天子，在當時人看來，那就是神啊！你司馬昭拿神不當人是因為你也是神，我們這幫大頭兵在訓練的第一天就沒接到過這樣一份預案：天子會來跟我們比劃。況且我們存在的意義就是保護天子的啊！

在這群人懵圈之時，太子舍人成濟問賈充：「該怎麼辦啊？」

賈充說出了著名的那句話：「司馬公平時養活你們，正是為了今天！今日之事，有什麼可問的！」[11]

太子舍人成濟一矛將曹髦捅了個對穿。成濟的這一矛，刺出了中國歷史上一個前無古人的第一：他是第一個在大庭廣眾下殺掉自己的皇帝的人。

過去的權臣也有幹掉皇帝的，比如頂級跋扈外戚梁冀，他毒死過皇帝，但這事兒誰也沒看見啊！第二天大臣們光知道有那麼回事兒，但誰有證據？老百姓三個月後才知道又換皇帝了。

成濟的這一矛，算是刺出了人神共憤，司馬昭面臨著巨大的民意風險。

下一個要當皇帝的人，他的手下居然在光天化日之下刺殺當今的皇帝！實在是太可惡了！你們司馬家吃著曹家的，用著曹家的，一切都是曹家給的！結果現在你們不僅搞人家的江山，還搞掉了人家的命！還是光天化日之下捅死了人家！

司馬家陷入了巨大的危機之中，因為他們的終極目標，是撬掉大魏的江山！而撬掉人家江山的途徑只有一個，叫作「承接天命」！必須得是司馬家品德太高、功德太厚，老曹家忒不咋樣，所以老天讓司馬家承

---

11 《三國志・三少帝紀》：畜養汝等，正謂今日。今日之事，無所問也。

接天命做天下的主人。

結果司馬家光天化日之下殺了皇帝，司馬家還怎麼接這個天命？

司馬昭在聽到這件事時，說：「天下人該怎麼議論我啊！」

是啊，你把天子捆起來帶走多好，完事後說天子犯神經病得趕緊換人，天下哪能由精神病人領導呢！

是賈充擅自做主嗎？不可能！

因為司馬昭後面對賈充待遇極高，而且這麼大的事，司馬昭必定事前交代了處理底線，所以賈充才敢下達必殺令的！否則就賈充那個頂級機靈鬼，他敢背這個鍋，開玩笑。（記住賈充這個人，下季開篇很關鍵）

單就這一點，就決定了司馬昭和他哥哥司馬師的天差地別。

司馬師在高平陵之變前夜能夠呼呼大睡，在軍中突然夜驚的時刻能夠咬緊牙關堅臥不動地安定軍心，都是超高難度考核，司馬師全都保質保量，動作不變形！

現在給司馬昭這麼一個小小的突發事件，他就掉進了一個二十歲孩子的陷阱裡。

曹髦自始至終都是奔著求死去的！只要他死了，曹家的天下某種意義上可能會轉危為安！司馬昭肯定是篡不了國了，等司馬昭死後，他的兒子還有司馬懿、司馬師、司馬昭這三位如此巨大的影響力嗎！

出道即巔峰的司馬昭本來頂著平滅大魏最大規模叛亂的超級功勳光環的，結果在曹髦事件後一夜之間跌落谷底。

司馬昭善後時專門找了名門望族子弟陳泰（陳群之子）商議，說：「老陳，咱該怎麼辦啊！」

陳泰說：「只有腰斬賈充，才能交代！」

司馬昭也不傻，他怎麼能殺給他賣命的人呢，要不今後誰還給他賣命！最終處理結果是，只有成濟三族被滅。

曹髦被一通埋汰，官方宣稱神經病，皇帝封號被剝奪，本來應該按照民禮安葬，但司馬家寬宏大量，還是以王禮安葬。隨後司馬昭另立燕王曹宇之子常道鄉公曹璜為天子，改元景元。

給曹髦下葬的時候雖然沒有搞任何大型儀式，草草了事，但在洛陽西北三十里的地方，百姓們紛紛前來觀看，並說這就是前幾天被殺的那個天子，還攔那兒哭這孩子。[12]

「司馬昭之心，路人皆知」和「司馬昭之行，路人皆見」，效果反差是巨大的。

耳聽永遠起不了實質性的作用，眼見才是真格的！這也使得司馬昭在他這輩子沒戲接天命了，甚至連下一道身份認證都沒辦法獲得了。就你這德行還封公加九錫？不可能！

那怎樣才能抹平老百姓對於他這個領導的壞印象呢？司馬昭在痛定思痛後只能樹立起另一種形象：強者得天下！

這顛覆了四百多年來「德者得天下」的重要理念。

「德」、「忠」、「孝」是統治華夏思想的三根支柱，司馬家在先天不足的「忠」這根柱子被砍掉後，「德」也被砍掉了！本來「德忠孝」三足鼎立，結果司馬家的統治大廈從還沒有立國的時候，就變成獨角獸！

「忠」你不敢談，因為你得國不正；「德」你不敢談，因為你光天化日之下弒君；光靠「孝」，是統治不了中國這片神奇土地的。

如果說曹家失天命，是因為遇上了小概率和大意外；那司馬家最終走向衰亡，是從最開始就埋下了伏筆。

至此，你只有靠你的強大，摁住所有不服的人，才能維持你的統治！但是，你真的能一直強大下去嗎？威猛如老劉家，東西兩漢的後半

---

12 《三國志‧三少帝紀》：丁卯，葬高貴鄉公於洛陽西北三十里瀍澗之濱。下車數乘，不設旌旐，百姓相聚而觀之，曰：「是前日所殺天子也。」或掩面而泣，悲不自勝。

葉，皇權可都談不上強大！雖如此，但不耽誤老百姓在東西兩漢的後半葉將人口穩步漲到五六千萬。

說到底，因為「德」被天下相信，「忠」被百官認同，「孝」被百姓遵從。

背洛水誓言是無信！父子三代謀國是不忠！光天化日之下弒君是無德！

司馬家僅僅用了十一年的時間，就將中華帝國千年建立起來的統治根基轟塌了！自司馬家之後，天子不再神聖，權臣不再忍耐，夷狄不再敬畏。華夏大地將用長達三百年的血淚去重建秩序！

司馬氏開創了一個兩步走的流派：第一步：「何為天子，強權掌兵者為之。」第二步：「我死以後，哪怕洪水滔天！」

司馬昭弒君後，擺在他面前的只有一條路了：他要滅國！他要通過滅掉另一個所謂也「承接天命」的國家，來完成自我的救贖！

就這樣，三國終戰，提上日程了。

二、費禕為什麼每次北伐只給姜維一萬兵？

時隔近三十年，來看一下蜀漢的政局吧：丞相仙逝後，後主以丞相留府長史蔣琬為尚書令，總統國事。蜀漢來到了丞相之後蔣琬時代。

蔣琬是零陵人，弱冠知名，以州書佐隨劉備入蜀，革命成功後被派做廣都長進行歷練。

後來劉備到廣都的時候順帶視察了一下工作，發現蔣琬並沒有把老百姓放在心上，啥事不管天天就知道喝酒。老劉大怒，準備給蔣琬放放血。

時任軍師將軍的丞相說話了，告訴老劉：「蔣琬是當丞相的材料，別讓他幹『百里』的活兒，這小子的能力在於安定萬民，不愛搞虛頭巴腦的事，先別殺，你再品品這孩子。」[1]

蔣琬因為被丞相賞識，不僅留了一條命，還開始步入升職的快車道：不久去做了什邡令，老劉拿下漢中後，蔣琬進入中央做了尚書郎。

老劉崩後，丞相開府，蔣琬進入了丞相的班子為東曹掾，不久遷為

1　《三國志·蔣琬傳》：軍師將軍諸葛亮請曰：「蔣琬，社稷之器，非百里之才也。其為政以安民為本，不以修飾為先，願主公重加察之。」

參軍；丞相北伐駐漢中後，蔣琬與長史張裔留成都，統丞相府事。

張裔死後，蔣琬代為長史加撫軍將軍，成為成都行政的一把手，幹的是當年丞相幹的那攤活兒。

丞相在漢中經常公開發表言論，說蔣琬是和他一塊兒為王業努力的好官員。這麼做的目的，就是為了增加蔣琬的威信，為將來接他的班做準備。

丞相不僅經常公開樹立蔣琬的威信，私下給劉禪的密表中也做過頂級背書：「我死以後，就是他了！」

丞相死後，劉禪不再設丞相，再也沒有人配得上這個崗，國家最高權力機構由丞相府恢復成了尚書台，蔣琬做尚書令領益州刺史開始總統國事；次年四月，遷大將軍，錄尚書事，封安陽亭侯，半年的時間完成了接班。

丞相歸天是整個蜀漢天塌下來的大事，丞相都離開我們了，這日子還怎麼過！整個蜀境躁動不安。

這時候，所有人都盯住了蔣琬這位丞相選定的接班人。所有人也因此再次追思了丞相的英明。

蔣琬作為百官之首，既不傷心於丞相仙逝，也不喜色於自己得托一國，跟平時一樣該幹什麼幹什麼。漸漸地，蜀漢安下心來，蔣琬也因此開始成為眾望所歸的主心骨。

我們不得不佩服丞相當年的眼光，為什麼要讓蔣琬接班呢？丞相早就明白，他死之後，蜀漢將地動山搖，足夠分量的老臣都沒有了，不要說再有人能接得住他這一攤兒了，就連能否帶領蜀漢走出空窗期都是問題！

再品品他當年勸老劉刀下留人的那句話：「蔣琬，社稷之器，非百里之才也。其為政以安民為本，不以修飾為先，願主公重加察之。」

丞相早早地就品出了這個「為政以安民為本，不以修飾為先」的大器之才，隨後用了近二十年的考察，徹底地認定了蔣琬能挑大樑！

蜀漢本該地動山搖的權力交替，被蔣琬不動聲色地接了過來。相當顯功力。

蔣琬接班安定了蜀漢人心後，面臨著下一個政治難題。丞相的政治綱領是「漢賊不兩立，王業不偏安」，目前一個曹魏，一個劉漢，雖說這兩個天命互相說對方是反動派，但實際上，蜀漢這個天命隨著時間的推移越來越站不住腳。

因為蜀漢說獻帝被弄死就不靠譜，獻帝跟丞相同一年走的，獻帝的孫子幹山陽公也幹得好好的，而且自古天子居北方，沒說在四川待著的。

弱者的假貨如何與強者的真貨競爭呢？你必須時刻嚷嚷著對方是假貨，你是被迫害的，你是有志氣的，來不斷蹭真貨的流量來打造你們是一個級別產品的人設。

丞相始終在漢中待著，就是以此強烈的表明勢不兩立的態度，北伐是蜀漢政權存續的理由。

接班的第三年，238年冬十一月，蔣琬北赴漢中。

這是個什麼時間節點呢？司馬懿在一個月之前，已經平叛遼東了。司馬懿是在238年的正月遠赴遼東的，也就是說，天下已經大變近一年了，蔣琬才晃晃悠悠地去了漢中。兩月後，更大的天下大變傳來了，曹叡死了。蔣琬仍然沒什麼動靜。後面又過了兩年，還是沒動靜。

估計實在說不過去了，蔣琬在241年提出了這樣一個戰略方案：出秦川道路艱險，拿不下來，要不順漢水東下去打東三郡。[2]

---

2 《三國志‧蔣琬傳》：琬以為昔諸葛亮數闚秦川，道險運艱，竟不能克，不若乘水東下。乃多作舟船，欲由漢、沔襲魏興、上庸。

隨後，蔣琬得病了，沒來得及走。為什麼要得病呢？因為要等大家全都不讓他去。

他提案的那條路並不比秦嶺好走，看上去有水，船卻根本走不了，那破地方打下來還沒收益，所有人都不會同意的。

兵出東三郡從戰略上來看只可能是襄陽方向，但即便超級順利地拿下了襄陽，隨後將面臨荊州的曹魏增援和背後「憨態可掬、溫暖純真」的吳老二。

果然蔣琬的這個預案反響強烈，所有人都說趕緊打住，成都方面甚至派了費禕和姜維專門去喊停。

最終，在243年，蔣琬上疏給出了自己的終極想法：

1.魏國太大、太強，速勝不易。

2.蜀、吳一塊使勁兒，才有希望。

3.就吳老二的德行，還是別指望了。

4.我和費禕等在商量中得出了共識，今後的主攻方向是涼州。

5.派誰去呢？姜維的老家在那裡，小夥子幹勁足，讓他去打，如果形勢大好，我再趕過去幫場子。[3]

6.大軍屯兵漢中現在意義不大了，涪水四通八達，屯兵涪城就可以，如果漢中有難，我趕過去也方便。

蔣琬隨後自漢中撤兵回了涪城，與此同時，費禕遷大將軍，錄尚書事；侍中董允亦加輔國將軍；鎮南中的馬忠加鎮南大將軍；鎮漢中的王

3　《三國志・蔣琬傳》：而眾論咸謂如不克捷，還路甚難，非長策也。於是遣尚書令費禕、中監軍姜維等喻指。今魏跨帶九州，根蒂滋蔓，平除未易。若東西並力，首尾掎角，雖未能速得如志，且當分裂蠶食，先摧其支黨。然吳期二三，連不克果，俯仰惟艱，實忘寢食。輒與費禕等議，以涼州胡塞之要，進退有資，賊之所惜；且羌、胡乃心思漢如渴，又昔偏軍入羌，郭淮破走，算其長短，以為事首，宜以姜維為涼州刺史。若維征行，銜持河右，臣當帥軍為維鎮繼。

平加鎮北大將軍；督江州的鄧芝遷車騎將軍；特殊政治需要的姜維遷鎮西大將軍，領涼州刺史，開始正式登上高級舞臺。

在這裡要提前說一下姜維，傳統印象中，姜維是丞相的接班人，但實際上，姜維是丞相發現的一棵好苗子，丞相給予他一定的空間，誇他的那封信也是寫給自己真正接班人蔣琬的。[4]

姜維在丞相死後一直是蔣琬的小弟，姜維真正的大進步，是在跟蔣琬大哥的路上。[5]

蔣琬回屯涪城，費禕升大將軍明確接班，四個方向的四鎮大將軍確立，全是在這一年。

這個行動表明了蔣琬及其同僚的政治態度：依然要北伐，但僅限於小打小鬧，就是一桿政治旗幟。

此次調整之後沒幾個月，曹爽看到了漢中的空虛，興兵十餘萬，進行了大規模的入蜀作戰。

漢中此時僅僅三萬人，由於涪城離漢中較遠，得知曹魏入蜀，最開始是舉國震動的。但結果我們也知道，王平悍拒曹爽，剛剛上任的大將軍費禕率諸軍救援，魏軍大敗。

曹爽的大敗也證明了漢中駐軍堵口，川軍緊急支援的蔣琬預案是來得及、行得通的。

此戰蔣琬並沒有露面，而是將指揮權交給了費禕。這既有蔣琬的身體開始不好的原因，也有蔣琬開始大公無私地放手交權於費禕的原因。

4　《三國志・姜維傳》：亮與留府長史張裔、參軍蔣琬書曰：「姜伯約忠勤時事，思慮精密，考其所有，永南、季常諸人不如也……當遣詣宮，覲見主上。」

5　《三國志・姜維傳》：十二年，亮卒，維還成都，為右監軍輔漢將軍，統諸軍，進封平襄侯。延熙元年，隨大將軍蔣琬住漢中。琬既遷大司馬，以維為司馬，數率偏軍西入。六年，遷鎮西大將軍，領涼州刺史。

由此可見，丞相當年的接班人順序仍然算數，這種聽從過世老領導、有條不紊地傳位異姓接班人的政治生態也算是相當罕見了。

蔣琬在自己身體出現問題後，開始為身後事做打算，捅破了不再大規模北伐的窗戶紙，明確了蜀漢政權國家層面上的戰略轉舵，將蜀漢從駐防漢中的軍備壓力下，調整為主力退往涪城，漢中少量守軍，零星嚷嚷北伐的戰略。

自此之後，直到費禕遇刺身亡，整整十年的時間裡，蜀漢一直都是沿用的這個戰略思路。什麼也別耽誤，但總體思維是省力、省錢。

姜維在蔣琬死後開始不乖了，覺得兵少了，總希望調大兵去實現自己的抱負，但總是被費禕死死地卡住，每次出兵都遵循著刮彩票的思路，一萬來人打打看。[6]

費禕這樣對姜維的理由是：「我們不如丞相，丞相當年都不能北定中原，何況我們呢！ 還是保境安民別折騰了，不要希望成敗在此一舉，畢其功於一役。」[7]

蔣琬和費禕為什麼要這樣做呢？ 單純因為丞相都不行，我們更不行嗎？ 並不是，其實根本原因在於國力基礎已經不允許再打丞相那種級別的國家級戰役了。更深層次的原因，是很多問題丞相在的時候都不是事兒；丞相不在了，一切就變得都是事兒了。

還記得丞相難得的所謂黑材料，說丞相不會分權活活累死的那句「諸葛公夙興夜寐，罰二十以上，皆親攬焉」嗎？ 丞相不會分權？ 丞相事

6　《三國志‧姜維傳》：維自以練西方風俗，兼負其才武，欲誘諸羌、胡以為羽翼，謂自隴以西可斷而有也。每欲興軍大舉，費禕常裁制不從，與其兵不過萬人。

7　《三國志‧姜維傳》：費禕謂維曰：「吾等不如丞相亦已遠矣；丞相猶不能定中夏，況吾等乎！且不如保國治民，敬守社稷，如其功業，以俟能者，無以為希冀徼幸而決成敗於一舉。若不如志，悔之無及。」

必躬親？

並不是，丞相將國家機器捋順之後，在太多方面進行了大規模的放權。

宮裡的事兒全部交給了董允。

蔣琬在成都總統相府之事，保證了整個四川的後勤輸送。

看上費禕有大才的時候，平南中後百官迎接，丞相單獨把此時還是普通官員的費禕拉到車上給他抬威望。

丞相去漢中後，命費禕為參軍，身兼兩個職務：一個是赴吳國外交大使，一個是矛盾調解員。魏延和楊儀早就到了動刀子的地步，最終各司其職地發揮了最大作用，真以為是丞相親自調解的？那都是費禕居中調解的功勞。[8]

丞相遠征的時候仍然把最重要的軍糧事項交代給李嚴，還將戰略思路寫信告訴李嚴，李嚴說沒糧了就規規矩矩退回來了。

這也叫事必躬親？

丞相事必躬親的只有一種事：處罰！[9]

丞相為什麼要將蜀漢幾乎所有的中級以上官員的處罰全攬到自己身上？

蜀漢雖說是依法治國，但實際上除了丞相之外，再沒有一個集威望、德行、才能、資歷、手腕於一身的人了。只有丞相親自處罰的，對方才會心悅誠服，對方才會放棄報復，對方才會發自內心地悔過。這種神級處罰效果，換誰都沒戲！

8　《三國志‧費禕傳》：值軍師魏延與長史楊儀相憎惡，每至並坐爭論，延或舉刃擬儀，儀泣涕橫集。禕常入其坐間，諫喻分別，終亮之世，各盡延、儀之用者，禕匡救之力也。
9　《魏氏春秋》：諸葛公夙興夜寐，罰二十以上，皆親攬焉。

被丞相定性為「亂群」的廖立，在聽說丞相過世後，哭著說我這輩子沒希望了。頂級混蛋的李嚴聽說丞相仙逝，也失去了活下去的希望，因為他知道如果自己還有機會的話，一定是丞相對他開恩。

　　這是頂級政敵對丞相過世的態度。品味出丞相的偉大和不凡了嗎？上下五千年，再找不到這麼一位全技能點到達偉大級別的人了！

　　在丞相治下，可以「賞罰必信，無惡不懲，無善不顯，至於吏不容奸，人懷自厲，道不拾遺，強不侵弱，風化肅然」，說到底，因為那是丞相！

　　丞相仙逝後，史書中評價蔣琬、費禕這兩人主政的時候，是這麼說的：這哥倆由於全都遵循著當年丞相的成規，所以邊境安全，國家無事，但是很多所謂的小事情已經控制不住了。[10]

　　蔣琬和費禕為什麼「咸承諸葛之成規」後卻「然猶未盡治小之宜」呢？

　　因為丞相無論幹什麼所有人都心悅誠服，罰你都能罰得你靜思己過，但蔣琬和費禕沒有這種威望和能力。

　　事實上，丞相剛走不久，藏匿戶口、士兵逃逸這種事情就開始抬頭了。[11]

　　再來看一下蜀漢頂樑柱們的戶籍。

　　蜀漢三英：蔣琬，零陵；費禕，江夏；董允，南郡；清一色的荊州人。

10　《三國志・姜維傳》：蔣琬方整有威重，費禕寬濟而博愛，咸承諸葛之成規，因循而不革，是以邊境無虞，邦家和一，然猶未盡治小之宜，居靜之理也。

11　《三國志・呂乂傳》：蜀郡一都之會，戶口眾多，又亮卒之後，士伍亡命，更相重冒，奸巧非一。乂到官，為之防禁，開喻勸導，數年之中，漏脫自出者萬餘口。

蜀漢四鎮將軍：馬忠，巴西人；鄧芝，新野人；王平，巴西人，降將背景；姜維，涼州人，降將背景。

即便是在後孔明時代，蜀漢的高層中仍然是荊州派為頂端，巴郡派為輔，益州本土派受限。

益州大族在土生土長的地方，政治地位卻一直被擠壓，高級崗位一個也進不去，一個魏國降將就因為跟著蔣琬都當上了鎮西大將軍！

政治層面得不到突破，通常就會在經濟層面上尋找補償，益州本土大族和政治勢力在丞相死後進行了巨大的反彈：我們就是想踏踏實實掙大錢，藏戶口，搞壟斷，謀發展，丞相在時我們覺得能把關中打下來給我們分紅，現在丞相不在了，就你們這幫人還北伐，趕緊別瞎折騰了！

當有衝突和矛盾時，蔣琬和費禕就只能遵循丞相的依法治國路線，碰見不配合的人就必然要按規章制度法辦，但益州本土派會因為他們的執法越來越憤怒，社會矛盾陡然而升！

因為本質上蜀漢是一個益州人的政權，益州本土派只服諸葛孔明！你們算什麼！

蔣琬和費禕沒有足夠的政治威望和行政力量壓制住益州本土派了，搞不好曹魏還沒打過來自己先內訌崩盤，為了安撫益州本土派，蔣琬和費禕只能在兩方面妥協：

1.減少軍費開支和出兵規模。

蔣琬為什麼要屯兵涪城並明確小規模北伐？就是為了明確減少軍費開支，並將軍隊帶到成都北部，震懾益州的不服勢力。

2.通過大赦天下，對依法治國後引起的憤怒情緒給予安撫。

蔣琬和費禕主政的十九年時間，蜀漢居然大赦了六次！分別為234年、238年、243年、246年、249年、251年。後面居然罕見地達到了三年就大赦一次！

丞相時代，僅僅在劉禪繼位的時候大赦過一次天下，丞相對於大赦是這麼理解的：治世應該以大德的規則，不是小恩小惠，總搞大赦只會讓犯罪的成本降低，劉表和劉璋都愛用大赦，治理的那都是什麼！[12]

當犯罪分子明確地知道犯罪的刑期最多三年後，會什麼辦？那肯定就是按最大的量刑去犯罪！

作為丞相欽點的接班人，蔣琬和費禕是不懂這個道理嗎？不會的，只是不得已。砍完人家要妥協搞平衡，要不高壓鍋就炸了。

北面曹魏的優勢越來越穩固，北伐無論是從人才能力上，還是從統治基礎、行政基礎上，都不可行了。

現在一國僅僅一州，蜀漢的最終過渡方向，其實就是東面的孫吳，走本土化的路線。但是，能夠瞬間把權力交給益州本土派嗎？不能，因為這樣做荊州派會被清算，劉禪的皇位做不做得穩都不一定了。

孫權也是在孫氏落戶江東的第三十年，直到225年，才以江東大族顧雍任丞相為標誌，逐漸完成了江東化的轉型的。

所以這是一個漸進的、緩慢的過程。

蔣琬、費禕在外，能夠知道克制地駕馭著蜀漢這艘成分複雜的小船；董允在內，能夠正色匡主，彈壓奸佞，所以蜀漢在蔣琬主政一朝，在蜀漢三英的鼎力協作下，尚過渡平穩，邊境無虞，邦家和一。

變化出現在了丞相死後的第十三年。246年，蔣琬和董允在同年去世。蜀漢的妖魔們被解除封印了，三英去二，費禕一人開始撐不住局面了，妖魔出籠了。

12　《資治通鑑·魏紀七》：丞相亮時，有言公惜赦者，亮答曰：「治世以大德，不以小惠，故匡衡、吳漢不願為赦。先帝亦言：吾周旋陳元方、鄭康成間，每見啟告治亂之道備矣，曾不語赦也。若劉景升、季玉父子，歲歲赦宥，何益於治！」

後主開始自攝國事。實際上就是換了個說法。後主寵信的陳祗和黃皓開始弄權，王朝末年的妖孽縱橫再次出現了。但是，有費禕在中間調和，一切都還說得過去。

隨著253年費禕遇刺身亡，蜀漢的最後一道保險被撤掉了，不僅妖魔開始縱橫，益州本土的文化人也開始肆無忌憚地搞文學創作，從意識形態上瓦解這個外地人控制的國家。

與此同時，還有一個有著超級大理想的人也失去了所有的束縛。這個人，就是姜維。

姜維的職業生涯一開始就是做武官，從來沒有過治郡經歷。這也就意味著，他根本不明白「兵馬未動，糧草先行」後面是怎樣的不當家不知柴米貴！

當你有能力和理想，卻並不具備為理想買單的政治環境和物質條件，你反而還歲歲大舉的時候，這種理想在史書中就叫「玩眾黷旅」了。

為姜維理想買單的，不僅僅是那些不考慮國力條件和政治環境的窮兵黷武，還有為了實現理想，那些要為最終覆國負責任的賭注和算計。

三、蜀漢是如何被一篇論文從內部瓦解的？

該系統地說說姜維了，這個人比較複雜。

姜維是天水郡治的冀城人，自幼喪父，和母親相依為命長大的。家中應該在當地有些勢力，因為姜維他爹原來為天水郡功曹，在羌戎叛亂時保護領導而壯烈殉國，所以為姜維搏了一個官中郎，參本郡軍事的編制，就此姜維開啟了自己作為軍官的一生。

幼年喪父的姜維還可以讀得起書，甚至陰養死士，總體而言家庭條件應該不錯。

他養死士的史料是「傅子曰：維為人好立功名，陰養死士，不修布衣之業」，位置在「姜維字伯約，天水冀人也，少孤，與母居，好鄭氏學」之後。說明姜維在很年輕的時候，就有這個愛好了。

這個人的性格、志向、氣概少年即成，眼光很遠。

時間來到228年，丞相北伐，當時姜維和太守馬遵在陪郭淮巡查，在洛門時聽說丞相來了，太守馬遵要跑，姜維說：「領導您還是跟我們回冀城吧。」馬遵說：「你們都是大壞蛋。」遂自行而去。

姜維回到了冀城，被冀城人民推舉出來去投降蜀軍。[1]

那一年姜維二十六歲，投降蜀漢後，丞相辟其為倉曹掾，加奉義將軍，封當陽亭侯，後來又被丞相安排訓練五千虎步兵。

魏國反攻時，馬謖兵敗如山倒，蜀軍急退，姜維沒來得及接母親。後來身為人質的老母親給他寫信，說兒子你回來吧。姜維說：「良田百頃，不在一畝，但有遠志，不在當歸也。」

人各有志，當然不可強求，不過姜維「少孤，與母居」，魏國這些年最厲害的就是人質處罰制度，你在敵國當將軍，老娘給你寫了信都不理，你老娘可能會有好下場嗎？

有的人說姜維這是心存漢室，所以老娘什麼的就都顧不上了。

在這裡要專門說一下，姜維生於202年，那一年袁紹都死了，大漢的牌匾早就使不上勁兒了，而且姜維的出生地是百年羌亂為主、大漢存在感最弱的隴西，姜維也一直是在涼州大族和羌氏自治的環境中長大，所謂他對大漢的認同感其實談不上。

姜維為什麼老娘不要了也不再回故國了呢？因為這邊的發展空間，對面永遠給不了。

魏國已經開始實行九品中正制，像姜維這種小地方出身，混一輩子也沒多大可能混成哪怕一個小地方的太守。但是到了蜀漢這邊，偉大的諸葛丞相封他做奉義將軍，當陽亭侯，還讓他練兵五千，這是他在魏國永遠也得不到的待遇。

再來看看開篇姜維對的那句評價：「維為人好立功名，陰養死士，不修布衣之業。」姜維是一個胸有大志的人，最在乎的是有沒有輝煌的未來！

1　《魏略》：維亦無如遵何，而家在冀，遂與郡吏上官子修等還冀。冀中吏民見維等大喜，便推令見亮。二人不獲已，乃共詣亮。

這種人極其可怕，他自幼相依為命的老娘都攏不住他那顆狂野的心，什麼金錢、什麼親情，這都沒有他實現幹大事的抱負重要。看明白這一點，才能捋明白他後面做所有事的抉擇算法。

丞相死後，姜維跟大哥蔣琬一路進步飛快，在243年的時候當上了蜀漢四鎮大將軍之一的唯一一個有進攻權限的鎮西大將軍。

蔣琬在的時候，姜維表現得特別好；蔣琬死後一年，姜維作為蔣琬的好小弟遷衛將軍與大將軍費禕共錄尚書事，開始有資格參與最高級別的政治了。隨後，就有想法了。

姜維認為自己有能力和才幹，希望誘諸羌胡人為羽翼，完成丞相未能完成的事業，斷隴西對涼州開炮，經常希望興兵大舉，結果被費禕控制，每次僅可帶兵萬人。[2]

魏國一直沒有什麼變化，在老藝術家司馬懿的帶領下連淮南一叛都是兵不血刃地拿下的。

253年，風雲突變。這一年正月，司馬師、諸葛恪兩個新上位的總理在合肥戰區展開拼殺，與此同時，蜀漢大將軍費禕遇刺身亡。

費禕之死史學界一直疑點重重，姜維貌似有著巨大的嫌疑，因為他是巨大的受益人，而且他還愛養死士，更巧的是刺殺費禕的郭修也是被姜維俘虜的。

我的觀點是：證據不足，不好妄言。

總之，天下終於變了，也終於沒有人再束縛姜維了。

當年夏天，姜維率領數萬人出石營圍攻南安，響應諸葛恪的東方戰區。

司馬家開始了各種各樣的處理內患，天下年年都有大新聞，姜維也

2　《三國志‧姜維傳》：維自以練西方風俗，兼負其才武，欲誘諸羌、胡以為羽翼，謂自隴以西可斷而有也。每欲興軍大舉，費禕常裁制不從，與其兵不過萬人。

年年不閑著。

253年，姜維軍數萬出石營，糧盡軍退。

254年，姜維率大軍出隴西大勝，拔河關、狄道、臨洮三縣民還。

255年，姜維出狄道大勝，大破魏雍州刺史王經於洮西，殺數萬人。

256年，姜維升為大將軍，與鎮西將軍胡濟兩路出兵，約定在上邽會合，但胡濟沒來，姜維在段谷被鄧艾打敗，星散流離，死者甚眾，把255年贏得的那些又賠進去了。

257年，諸葛誕反淮南，姜維數萬出駱谷，司馬望與鄧艾堅守不出，後來姜維聽到諸葛誕兵敗，也引兵回成都。

連著五年，姜維年年大兵出擊，算是過足了征戰的癮，兩次大勝，一次大敗，總體來講戰績算是說得過去。

姜維這些年理論上就輸了一次，卻已經鬧得民怨沸騰，姜維只好引咎自貶以平眾怒。

不僅如此，每次幾乎均有斬獲的姜維在蜀中已經悄然成了反面典型。因為一個文化人：蜀中第一半仙，譙周。

譙周自幼勤奮好學，飽讀經書，知曉天文，是蜀中的文壇領袖。在姜維段谷大敗後，譙周於257年寫下了著名的《仇國論》。

這篇論文一經發表，迅速激起千層大浪！這篇論文講的是：

有個小國叫「因餘」，有個大國叫「肇建」，兩國世為仇敵。（因餘之國小，而肇建之國大，並爭於世而為仇敵。）

因餘國人高賢卿者問伏愚子：「現在國家上下勞心，過去那些以弱勝強的案例都有什麼先進經驗呢？」（因餘之國有高賢卿者，問於伏愚子曰：「今國事未定，上下勞心，往古之事，能以弱勝強者，其術如何？」）

伏愚子說：「我聽說，大國往往懈怠傲慢，小國處於憂患往往勵精圖治，比如周文王養民，所以以少取多；勾踐體恤民眾，所以以弱勝強。」

（伏愚子曰：「吾聞之，處大無患者恒多慢，處小有憂者恒思善；多慢則生亂，思善則生治，理之常也。故周文養民，以少取多，勾踐恤眾，以弱斃強，此其術也。」）

高賢卿說：「當年楚強漢弱，打了好多年，項羽打算分鴻溝為界休息百姓，張良說一旦老百姓歇下來再收拾項羽就沒戲了，於是窮追猛打，終於幹掉項羽。（賢卿曰：「曩者項強漢弱，相與戰爭，無日寧息，然項羽與漢約分鴻溝為界，各欲歸息民；張良以為民志既定，則難動也，尋帥追羽，終斃項氏。」）這一路折騰也是取勝方法，為啥要用周文王那套呢？（豈必由文王之事乎？）況且現在『肇建』國有病，咱得趁他病，要他命啊！」（肇建之國方有疾疢，我因其隙，陷其邊陲，覬增其疾而斃之也。）

伏愚子說：「殷、周時代，王侯世尊，君臣階層上千年固化，在那個時候造反，哪怕漢高祖也沒戲。（伏愚子曰：「當殷周之際，王侯世尊，君臣久固，民習所專；深根者難拔，據固者難遷。當此之時，雖漢祖安能杖劍策馬而取天下乎？」）一定得是秦朝把天下折騰壞了，土崩瓦解了，統治者走馬燈天天換，老百姓不知所措，才會豪強並爭，虎裂狼分。誰能折騰誰吃肉。（當秦罷侯置守之後，民疲秦役，天下土崩，或歲改主，或月易公，鳥驚獸駭，莫知所從，於是豪強並爭，虎裂狼分，疾搏者獲多，遲後者見吞。）

「現在我國和肇建都已經立國很久了，不是秦末天下鼎沸的時代，而是六國並立的形勢，所以還是要用文王的方法，漢高祖那套就沒戲。（今我與肇建皆傳國易世矣，既非秦末鼎沸之時，實有六國並據之勢，故可為文王，難為漢祖。）

「如果老百姓疲勞，那麼不好的情形就會出現，上層傲慢，底層暴烈的土崩瓦解之勢就又該興起了。老話說得就很好，『射多次不中，不如瞄

準了再打』（夫民疲勞則騷擾之兆生，上慢下暴則瓦解之形起。諺曰：射幸數跌，不如審發。）

「所以智者不會因為一時小利就轉移目標，而是等到時機才出動，所以商湯、周武能不戰而勝。（是故智者不為小利移目，不為意似改步，時可而後動，數合而後舉，故湯、武之師不再戰而克，誠重民勞而度時審也。）如果窮兵黷武，土崩瓦解的勢頭出現，那麼即便有智者也沒有辦法了。（如遂極武黷征，土崩勢生，不幸遇難，雖有智者將不能謀之矣。）

「至於那種大力出奇跡、鐵掌水上漂、渡河不用船的超人們就要另當別論了，那種人就不是我所能評論的了。」（若乃奇變縱橫，出入無間，沖波截轍，超谷越山，不由舟楫而濟盟津者，我愚子也，實所不及。）

這篇論文引經據典，譙周虛構了兩個人物和兩個國家，寫出了一段治國理政的思路方針，是篇好論文，在蜀漢引起了巨大轟動。為什麼？寫實且反諷。寫實是他寫的那個故事確實有理有據，也確實適合當前蜀國的發展方針。蜀國是小國，當年丞相尚且不敢年年出兵，現在真禁不起姜大將軍年年這麼折騰了。

不過古往今來是從來不缺好思路和好奏章的，為什麼這篇《仇國論》暴得大名了呢？因為譙周運用了文學創作中的反諷和落差。

先來說反諷。

「因餘」國是什麼意思呢？剩下來的國。

「肇建」國是什麼呢？新建立的國家。

剩下來的小國叫「因餘」，說的就是蜀。新建立的大國叫「肇建」，說的就是魏。「因餘國」提問的人叫高賢卿，又高又賢。各種機智回答的叫伏愚子，趴下的傻子。

那個「又高又賢」說誰呢？主戰派！那個「趴下的傻子」說誰呢？譙周！

通篇文章，總嚷嚷要打要殺的「又高又賢」被「趴下的傻子」給教育了。

最後這句「不由舟楫而濟盟津者」是總反諷，不用船就能渡河，這麼厲害的人，我實在是比不了。

通篇是教育蜀漢別瞎折騰了，老老實實地待著吧。實際上內在的深意是：你這個老不死的小蜀國是比不上新出生的大魏國的，你這個國家立國之本的北伐討賊叫作逆天而動，實在不值一提。

這樣一篇全文反動卻無證據，通俗易懂卻寓意深的政策論文，開始叩開了一個個蜀漢高層的心。

是啊！ 我們就是四百多年來剩下的那個小國家啊！

是啊！ 對面的那個國家確實是新建立的大強國啊！

是啊！ 我們這麼牛的丞相都出師未捷身先死了啊！

是啊！ 天下已經穩定了，卻一直有人在窮兵黷武啊！

是啊！ 老百姓被這連年的征伐累得直不起腰來啊！

這一切匯集後，蜀漢高層產生了一個想法：我們這個國家沒戲了。這種思想開始由高層蔓延到中層，再蔓延到讀書人那裡，最終傳到了田間地頭。

《仇國論》不光從心氣上瓦解了蜀國，從合法性上也瓦解了蜀國。譙周用「天下已穩而並立」偷換了「漢賊不兩立，王業不偏安」這個蜀漢政治上必須堅持的概念。因為北伐不僅僅是軍事行動，更是政治符號。蜀國立國的根本，就在於別人把大漢的天命奪走了，蜀國名義上接過來了，但正主漢獻帝還好好地在那裡，你們要討伐那個竊取天命的國家。

蔣琬和費禕為什麼總讓姜維去刮彩票？就是因為討伐曹魏，蜀漢才有合法性。

雖然每次征伐都意思意思，但政治意義相當大，姜維並沒錯在他不

該打，而是錯在打得規模太大了，頻次太多了。

結果這篇論文認為應該徹底停戰，接受天命並立，也就說明蜀漢和曹魏都是天命，那麼曹魏待著的中原就不再是漢室的天下了，蜀漢作為漢室的繼承者，對於中原也就沒有合法性了，而自古以來，中原才是天命所在。

從地理位置的角度來講，天下合法的那個法人，是肇建的魏國。至此，「因餘」的蜀漢政權的合法性支柱也被鑿塌了。這樣的一篇論文，將蜀漢的政權合法性與國家自信心全部瓦解了。

最可怕的事情出現了。

劉璋時代，哪怕他暗弱，哪怕他的「東州兵」擾民，在劉備打進來後，即便兵臨成都，劉璋治下的老百姓還是群情激奮、意志頑強的。原因在於，整個蜀中，是認可劉璋做領導人的。在老百姓看來，這是合法的。

但自打《仇國論》發表後，蜀漢便有了一種自上至下的信心崩塌。

這個國家的合法性，已經堪憂了。

257年《仇國論》發表，258年諸葛誕兵敗，姜維罕見地從前線回到了成都。

260年五月，曹髦在大街上被捅死，天下震動，頂級的天下大變出現了，姜維卻沒有出兵。

姜維自回成都後，連續四年沒再出兵。

《仇國論》的觀點已成為蜀漢的主流輿論。

按理說軍人是渴望戰爭的，因為自家的富貴全是從打仗中得來的。但當262年，姜維時隔四年再次出兵的時候，資歷相當老的廖化已經公然反對姜維北伐了。

廖化說得很難聽：「用兵不知收斂，必將自食惡果，說的就是他姜維啊！智謀超不過敵人，力量比敵人要弱，但用兵卻沒完沒了，這樣怎麼可能還能立國下去啊！」[3]

這就是《仇國論》的忠實讀者。

諸葛瞻，丞相的兒子，也認為姜維窮兵黷武瞎折騰，在姜維此次出征後，上書劉禪，建議奪姜維的兵權。[4]

更可怕的是，譙周不光發表論文，還大搞迷信言論。他說：「先主諱備，其訓具也，後主諱禪，其訓授也，如言劉已具矣，當授與人也。」

翻譯下：劉備名「備」，這是「準備好了」；劉禪名「禪」，這是「該送人了」。連起來，蜀漢從帝王的名字上就暗示了：我們準備好了，該送人了。

262年，宮中大樹無故自折，譙周在壁柱上寫下：「眾而大，期之會；具而授，若何復？」

曹者，眾也。魏者，大也。具者，是說劉備的那個備字。授者，是說劉禪的那個禪字。「眾而大」的曹魏，終將統一天下。「具而授」的劉備、劉禪怎麼可能恢復漢室！

譙周作為蜀中的元老，在《仇國論》發表後再上一層樓，公然寫下了自己的最新研究成果。

讖語，作為統治者的好朋友再次出現了。但很遺憾，這次讖語罕見地成了胳膊肘往外拐。

丞相及蜀漢三英主政的時代，是出不了這種讖語和「可怕」的《仇國論》的，丞相和蜀漢三英能夠給老百姓以信心。

3　《漢晉春秋》：景耀五年，姜維率眾出狄道，廖化曰：「『兵不戢，必自焚』，伯約之謂也。智不出敵，而力少於寇，用之無厭，何以能立？」

4　《異同記》：瞻、厥等以維好戰無功，國內疲弊，宜表後主，召還為益州刺史，奪其兵權。

262年，姜維最後一次率軍出征魏國，再次被鄧艾所擊敗。隨後，姜維退駐沓中屯田。沓中在哪兒呢？今甘肅舟曲縣到迭部縣一代，看一下這個位置。（見圖14-3）

那片土地可不是長糧食的好地方，而且地理位置遠離蜀漢的關鍵核心區。

姜維對外宣稱是緊貼國境線伺機出動，伺機出動沒問題，在漢中待著也不耽誤伺機而動啊，丞相在漢中就打了不少閃電戰。姜維在沓中的最大目的，其實史書中說得很明確：避禍。[5]當時宦官黃皓已經想要廢掉姜維，培植右將軍閻宇了。[6]

姜維不敢回成都，卻也並沒有回漢中，而是攢著蜀國三分之一的軍力駐紮在遙遠的沓中屯田。政治上的姿態很明確：你們別逼我，逼急了我可狗急跳牆。

我們並不懷疑姜維的政治操守，但他的政治信號表達的就是這個意思。姜維往沓中的這一蹦，暴露出了蜀漢一個巨大的戰略隱患。

本來漢中的守軍在姜維「放進來打」的戰略後滿打滿算就一萬來人！結果姜維大軍屯田沓中，路途難走並且遙遠，根本無法支援漢中！

這一年，是262年。司馬昭聽到姜維把蜀漢的大部隊帶到了沓中避禍，高興得哭了：我司馬家雖然缺德，但對面的國運比我家更慘，列祖列宗保佑，我終於能甩鍋了！

5　《華陽國志》：維說皓求沓中種麥，以避內逼耳。
6　《三國志・姜維傳》：維本羈旅托國，累年攻戰，功績不立，而宦官黃皓等弄權於內，右大將軍閻宇與皓協比，而皓陰欲廢維樹宇。維亦疑之，故自危懼，不復還成都。

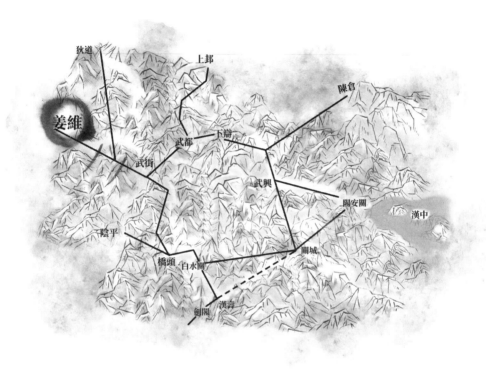

圖 14-3　姜維屯兵位置圖

四、姜維的可怕算計，司馬昭的天賜良機

「弒君門」事件發生後，司馬昭想要洗白自己的途徑只有一條：要立無上的功勳，要滅國！

天下三個皇帝並立已經很多年了，都說自己有天命、有認證，最靠譜。司馬昭要滅哪個呢？他要滅蜀。

從成本上來看，吳國比較強，疆域比較大，滅起來投入會更多。看起來還是滅蜀划算。

司馬家立國的重要環節就是搞平了淮南三叛，他家對於東吳是有心理優勢的。蜀是那麼好滅的嗎？

曹太祖當年把老劉一輩子當野兔子打，終場吹哨前讓老劉在漢中給撅回來了。曹丕時代根本就沒提往蜀中打的事。曹叡時代是諸葛丞相封神的時代，蜀中威名達到華夏五千年之巔。後來曹真、曹爽父子兩次伐蜀，連門都進不去。

司馬家正式掌權後，從大魏天水叛逃的基層官員姜維居然動不動就捅大魏一刀，戰績一直還頗為好看。

綜上所述，魏國一提起蜀國來是比較鬧心的。

但是，鬧心也得打，有三點：

1. 司馬昭現在面對的局面很嚴峻，只有把難打的對手踩腳底下，才能顯示出自己的巨大實力，翻身效果才強烈。

2. 蜀漢跟大魏的天命，其實是一個。

魏當年從漢手上合法地接過天命後，蜀單方面不承認，說魏是非法的，然後強把天命賦予自己了。等於這些年，魏和蜀在同一片天地下互相指責對方是假冒偽劣的天命。

東吳就不用提了，他那個皇帝根本不具有合法性。

司馬昭之所以有滅蜀的積極性，是因為他要打掉蜀這個假天命，才能順理成章地接過魏的這個真天命。

3. 蜀國現在出現了巨大的戰略漏洞。

姜維在最後一次出征魏國不利後率領著三萬左右的蜀國軍隊在沓中屯田，與漢中遠隔崇山峻嶺。不僅回防路途艱辛、遙遠，而且魏軍還能從上邽和狄道兩個方向對他進行阻擊，事實上後面魏軍也是這麼做的。此時的漢中，攏共不到兩萬人。（見圖14-4）

天賜良機！

漢中為何就這麼少的人？也是姜維的軍事提案。

258年，姜維提出過這樣的建議，叫作「斂兵聚谷」。什麼意思呢？就是敵人如果打過來了，將漢中所有力量聚斂到漢、樂二城，並鎖死陽平關（原陽平關），在武都、陰平二郡則有西安、建威、武衛、石門、武城、建昌、臨遠諸圍作為前沿警戒，堵死隴西下來的通道，放開漢中平原，有困難時，他的機動部隊再出來趁機而動。[1]

1　《三國志·姜維傳》：不若使聞敵至，諸圍皆斂兵聚谷，退就漢、樂二城，聽敵入平，重關鎮守以捍之。有事之日，令游軍並進以伺其虛。

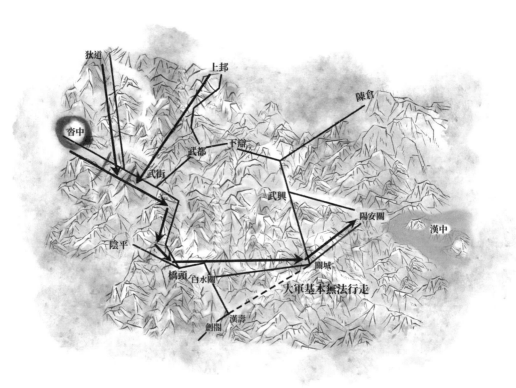

圖 14-4　魏軍阻擊姜維路線圖

敵人打不動，野外無糧食，千里運糧自然疲憊，等敵人退的時候，咱再諸城並出，和機動部隊全力殺敵。

那麼之前是什麼戰術呢？叫作「錯守諸圍」。就是把秦嶺通道各出口堵死，讓敵人根本進不了漢中盆地，當年魏延做漢中太守時是這樣幹的；諸葛丞相也是這個思路，還在此之上修建了「漢、樂」二城，作為犄角後援團；後面的王平也是這個思路，靠著三萬兵就在此悍拒曹爽。[2]（見圖14-5）

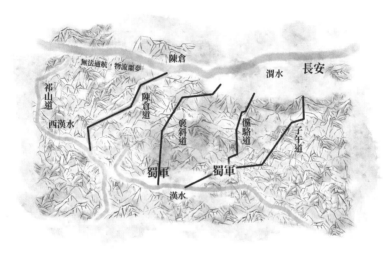

圖 14-5　「錯守諸圍」示意圖

這是套經過歷史考驗的打法。但姜維為什麼要換呢？

他是這麼說的：「錯守諸圍，雖合《周易》重門之義，但是只能禦敵，不獲大利。」姜維的意思是，這樣雖然能禦敵於門外，但我們獲不了利啊！得把他們放進來，最後咱包他們餃子。

2　《三國志・姜維傳》：初，先主留魏延鎮漢中，皆實兵諸圍以禦外敵，敵若來攻，使不得入。及興勢之役，王平悍拒曹爽，皆承此制。

這種思路無所謂對錯，只有合理與不合理。總體推算，非常不合理。最大的一個原因是難度太高。

所謂的漢中天險，有兩個：一個是陽平關，一個是秦嶺天險。放棄了秦嶺各谷口把人放進來，堵住陽平關然後打算把人家包餃子。這個思路不錯，但有一個前提：蜀漢的軍力要和人家差不多時，才能實施這個戰略。（見圖14-6）

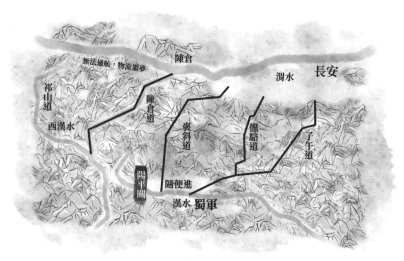

圖14-6　「斂兵聚谷」示意圖

司馬懿每回打防守反擊時可是有多少人帶多少人的。蜀漢亡國的時候一清點帳本，攏共十萬兩千人，這還是全國佈防的總兵力，除去成都、永安、南中等關鍵地區的佈防，能用於漢中防守的不過五六萬人左右。司馬昭在戰前的參謀會上就說：「計蜀戰士九萬，居守成都及備他郡不下四萬，然則餘眾不過五萬。」

魏軍每次南下是多少呢？通常十萬起步！

蜀漢就幾萬人的體量，把十幾萬人放進來，把整個漢中盆地讓出去

了，魏軍人多的優勢馬上就體現出來了。

1. 魏軍萬一跟好榜樣諸葛丞相那樣玩上屯田，跟你打持久戰呢？

2. 魏軍萬一掠奪你漢中的人口呢？

3. 就算你把整個漢中的人口全部遷入城內不讓魏軍搶掠，那可是非常多的人，一旦人家大軍進入漢中盆地，全員無法生產，你的糧食要養著大量的百姓，到底是誰的糧食先沒呢？

4. 就算你成功地耗走了魏軍，萬一魏國將丞相當年嘔心瀝血的那些基礎設施全給你毀了呢？漢中有大量的水利設施，有蜀漢最大的兵工廠，這要是被毀掉了，得多少年才能彌補回來呢？

5. 再說你的那幾座寄予厚望的堅城雄關要是出了意外或叛徒呢？

所以說，這一戰略的設想並不現實。

因為對己方的能力要求太高的同時，大量的主動權都掌握在對手的手上。更關鍵的是，有些事情是屬於原則問題的。你永遠不能拿你輸不起的東西做賭注。

劉備當年為什麼在漢中跟曹操拚了？因為漢中作為四川的緩衝屏障實在太關鍵，萬萬不可失！

不過即便如此，哪怕你漢中空虛，就像你所說的那樣，實行放進來包餃子圍攻的戰術，也需要你手中的機動部隊不能離漢中太遠。

姜維自己說過，遊軍的角色很重要！[3] 蜀漢一直實行的是「錯守諸圍」戰略，蔣琬屯兵涪城，後來費禕的部隊又向北推進了一步，屯兵於漢壽，也就是蜀漢的革命老景點、老劉的療養勝地葭萌關。這樣距離漢中並不算遠，而且蔣琬撤走的時候，王平在漢中仍然有三萬人保底！

在姜維的建議後，此時的漢中僅僅只剩下一萬多人！而姜維的遊

3　《三國志・姜維傳》：有事之日，令遊軍並進以伺其虛。引退之日，然後諸城並出，與遊軍並力搏之……

軍，遠隔崇山峻嶺！

263年，姜維收到情報，鍾會開始治兵關中，於是上表劉禪，要派遣張翼、廖化分別駐守陽平關口和陰平橋頭防患於未然。

姜維不是不知道哪些地方關鍵。陽平關口是漢中咽喉，陰平橋頭是他姜維的歸路。

來看一下蜀中命脈的具體地圖。（見圖14-7）

如果陰平橋頭丟了，陰平、武都二郡和他姜維的歸路就沒了；如果陽平關丟了，理論上蜀漢就只能退保白水關和漢壽去堅守了，整個漢中乃至武都就都是魏軍的了。（見圖14-8）

曹操平張魯如此，剛打下來張魯就跑了；劉備之所以後來跟曹操又耗了這麼長時間，關鍵原因就是陽平關始終在曹操手上，劉備的大部隊無法源源不斷地從蜀中進來。

只要陽平關在，整個蜀中和漢中，就是一個防禦整體，就是一塊鐵板。整條漢中防線，最關鍵的就是陽平關！鍾會在關中治軍，姜維應該第一時間帶隊回防！

來看一下司馬昭的戰前分析會：

1.情報部門給出了蜀漢的總兵力是九萬，和最終劉禪投降時十萬兩千的帳本基本一致。

2.在這九萬人中，守成都、永安等各郡的兵力為四萬左右。

3.剩下的守漢中的兵力和姜維的兵力為五萬左右。

4.咱們要將姜維絆在沓中，然後直撲空虛的漢中，就算蜀軍分守險要，那點兒兵力也首尾不能相顧了！[4]

4　《晉書·景帝紀》：計蜀戰士九萬……居守成都及備他郡不下四萬，然則餘眾不過五萬。今絆姜維於沓中，使不得東顧，直指駱谷，出其空虛之地，以襲漢中。彼若嬰城守險，兵勢必散，首尾離絕。

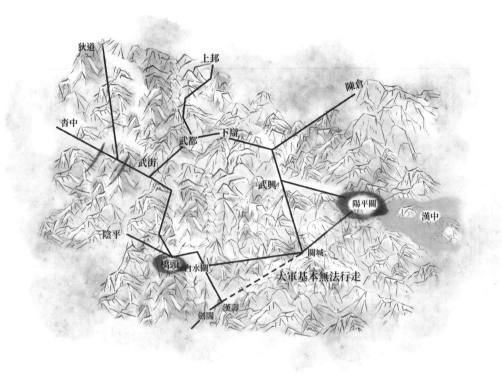

狄道

上邽

陳倉

沓中

武都　下辨

武街

武興

陽平關

漢中

陰平

關城

橋頭　白水關

大軍基本無法行走

劍閣　漢壽

圖 14-7　蜀道命脈圖

圖 14-7　陽平關丟掉後的戰略推演圖

結合後面漢、樂二城明確各有五千人之外，再算上陽平關的守軍，漢中此時的兵力應該在一萬五千至兩萬之間。

這也就意味著，姜維手中的兵力應該在三萬人左右，而成都加各郡備兵不過四萬人。

手中有三萬人的姜維聽說關中的魏軍要打他了，第一反應不是帶著隊伍回到能隨時支援的白水關或直接蹲點陽平關去，反而嚷嚷讓已經捉襟見肘的中央繼續增兵去堵險要關口，他自己那一畝三分地是不能動的，他這幾萬人是有用的！[5] 這是殺敵兵，不是防守軍，你朝廷趕快派部隊去堵缺口去！

結果史書上說黃皓聽信鬼神，告訴劉禪敵軍不會到來，別再擔心這件事兒了，就把這事兒給摁下了。[6]

史書在描寫這段的時候，說的都是黃皓禍國，實際上，後主是知道這事兒的！最終決定也是後主下的！

後主是什麼意思呢？他在給姜維表明一個立場！還想把隊伍給我往北調？你要是再拉到大西北屯田去呢？你趕緊給我回防！

就這樣，司馬昭想要的天賜良機就在這二位的推諉扯皮中出現了：一邊是你趕緊增援！一邊是你趕緊回防！賭注是國家的安危。結果雙方互相繃著，誰也不搞實際動作。

後主無能昏庸是有目共睹的，他也犯了巨大錯誤，因為漢中根本輸不起！那是他家的江山！但後主也有他的苦衷，誰知道成都此時有多少人打算趁著魏國進攻憋著造反呢！國家就那點兒兵，都調走了，南中和永安要是有突發事件呢？蜀中的大族要是突然搞政變呢？

5　《三國志・姜維傳》：維表後主：聞鍾會治兵關中，欲規進取，宜並遣張翼、廖化督諸軍分護陽平關口、陰平橋頭以防未然。

6　《三國志・姜維傳》：皓徵信鬼巫，謂敵終不自致，啟後主寢其事，而群臣不知。

本質上，錯在姜維：

1.你手握重兵。

2.你明確知道人家要來打漢中了。

3.你在沓中待著不回防，繼續擁兵自重！

你的所作所為，已經淩駕於國家安危之上了！

國家的安危難道不是頭等大事嗎？先烈們傾盡蜀中資源，一年多血戰陽平關，變陣定軍山熬下來的漢中基業難道不值得你姜維放在最重要的位置嗎？

這個時候，無論後來的史書或演義類作品對姜維評價怎樣，他都不值得有一個很高的歷史地位！

就這樣，司馬昭強力推動伐蜀了。總指揮是鍾會。

司馬昭的這次伐蜀是很累人的，他任命鍾會為總指揮也和此次伐蜀一樣，頗受詬病。很神奇的現象出現了，大量的司馬昭圈內人提前就預言到了鍾會會反。

邵悌（司馬昭幕僚）說：「會單身無重任，不若使餘人行。」

羊祜（司馬師妻弟）說：「他日鍾會之出，吾為國憂之矣。」

鍾毓（鍾會哥哥）說：「鍾會挾術難保，不可專任。」

王皇后（司馬昭妻）說：「會見利忘義，不可大任。」

王戎（鍾會推薦）說：「非成功難，保之難也。」

這都是司馬昭親近的圈內人，當然，鍾會也是圈內人。同為圈內人，都對司馬昭表示出了不看好另一個圈內人。兩個原因：

1.凡出兵大將，全是要在洛陽留下家中子弟做人質的。

鍾會未成婚，養兒子鍾毅為後。不是自己親生的誰也不心疼，他真反了，砍了無辜的孩子他連眼淚都不會掉。

2.鍾會的野心早就顯露出來了，都在高階層混，誰看不出來誰是怎麼回事兒啊！尤其是有才的年輕人，能瞞得過誰啊！

但是司馬昭沒辦法，他必須要用鍾會。因為鍾會是唯一的一個有能力，並支持他伐蜀的圈內人。

來說一下鍾會的履歷吧。

鍾會是潁川大族鍾家的孩子，第一任西北總司令鍾繇是他的老父親。鍾會出生於225年，那一年鍾繇老先生已經七十五歲高齡了。

鍾會他媽張氏是太原人，據說也是出生於高門，修養很好，但父母早亡，流落到了鍾家。

鍾繇的妾孫氏因為競爭上崗搞不過張氏，於是對張氏下毒。張氏當時已經懷了鍾會，結果估計是肚子裡的小鍾會自帶莽牯朱蛤體質，幫他媽把毒逼出來了，張氏僅僅眩暈了幾日。

後來老鍾開除了孫氏，鍾會生出來後，老鍾愈發寵愛這個張氏，級別提升為夫人。

由於此時鍾繇已經是頂級的太傅了，而他這個夫人的出身太不門當戶對了，卞太后令曹丕勸鍾繇別這麼幹。

鍾繇作為全天下最高級的貴族，直接表示爺不活了，嚷嚷滿世界買毒藥，爺死給你們看！

被鍾老濃烈情感創造出來的鍾會自幼聰敏異常，五歲時，老鍾繇帶著他去串門，蔣濟驚道：「此子，非常人也。」

鍾會長大後，博學多聞，精通玄學，是有名的大才子。

245年，二十歲上班，擔任秘書郎。

247年，二十二歲遷尚書郎。

249年，二十四歲任中書侍郎，成為皇帝的高級秘書。

也是在這一年，司馬懿發動政變，作為同一個圈兒的功臣子弟，鍾

會開始得到司馬師的賞識。

255年，毌丘儉、文欽淮南二叛時，司馬師眼部剛做完手術，大多數人認為讓老爺子司馬孚前去平叛就可以了，只有傅嘏、王肅和鍾會給司馬師算明白了這筆帳，告訴他一定要親征。司馬師隨後南征，鍾會隨行，主管機要。

司馬師死後，曹髦打算奪權，鍾會與傅嘏密謀，讓傅嘏上表，和司馬昭一同出發，退到雒水南屯兵駐守。在武力威懾下，曹髦服軟。

257年，諸葛誕反，鍾會正在服喪，但由於能力太強，被司馬昭喊去平叛。在此役中，鍾會使出了離間計，成為平定淮南第三叛的關鍵功臣，三十二歲的他已經得到「大魏張良」的外號了。

262年，聽說姜維帶著隊伍屯田沓中後，司馬昭迅速地意識到洗刷自己汙名的機會來了。結果除了鍾會之外，沒一個人搭理這碴！

司馬昭自打捅死曹髦後，就發現時間在和他為敵！時間過得越久，他家再進一步的可能性就越小，身邊越來越多的眼睛不再單純，看熱鬧和取而代之的氣氛越來越濃重。比如鍾會，雖然貌似很忠心，但幾乎所有圈內人都看出來他想取司馬氏而代之了！這是歲數淺，內功還不夠深，讓大夥看出來了。司馬昭更害怕的是他多那種級別的忍者神龜！

伐蜀為什麼沒人搭理他？側面來講，這更像是整個曹魏統治階層的非暴力不合作！

幸好還有這位可愛的鍾會告訴他：「老闆，該出手時就出手！」隨後還跟司馬昭定戰略方案。雖然知道鍾會的狼子野心，但在種種權衡下，司馬昭還是力主鍾會擔當滅蜀總指揮。

262年冬，鍾會被封為鎮西將軍，假節，都督關中軍事，將大規模的南徵兵源與物資開始向關中匯聚。

就在鍾會即將出兵時，對蜀一線作戰最大牌的鄧艾仍然在反對。鄧

艾這些年雖然對姜維的戰績頗為亮眼，但對於伐蜀這事卻並不積極，最後司馬昭派心腹師纂當鄧艾的軍師並傳達最高思想，鄧艾才從命。

對於鍾會，司馬昭也不是沒有留後手，他命廷尉衛瓘持節監鍾會、鄧艾軍事，行鎮西軍司，並給兵千人。這就相當於衛瓘率領了一支獨立的軍隊。

263年秋八月，洛陽召開誓師大會，軍中其實依然有反對的聲音，將軍鄧敦公開表示蜀未可伐，被司馬昭殺之祭旗。

就此，司馬昭終於排除了萬難，啟動了滅蜀之戰。此戰若失敗，司馬氏未來很難講會是什麼結果，因為所有人事先都不同意你的作戰計劃，你現在又現眼了，你還好意思再提什麼封公加九錫嗎？血性的曹髦用自己的天子之血做成的封印即將徹底箍死你醜陋的司馬氏！

但是，漢丞相和蜀三英已逝，悍拒曹爽的王平也見先帝去了。直到鍾會大軍已經進入漢中土地的消息傳到沓中時，姜維才決定回軍。[7]

一切都晚了！

7　《三國志・鄧艾傳》：維聞鍾會諸軍已入漢中，引退還。

五、蜀漢亡在了哪裡？

263年秋，鍾會統兵十餘萬，分別從斜谷、駱谷進軍漢中；征西將軍鄧艾率所部三萬餘人自狄道至沓中去牽制姜維；雍州刺史諸葛緒自祁山率州軍三萬餘人向陰平橋頭截斷姜維的退路；魏興太守劉欽帶東三郡兩萬人出子午道與魏軍主力會師。（見圖14-9）

除了陳倉道之外，魏軍每條路都下注了！

西邊六萬人堵姜維，東邊十餘萬分三條路奔襲漢中，本來姜維全力回援都不一定堵得住魏軍的雷霆萬鈞，現在到了「有事之日，令游軍並進以伺其虛」的時候了，姜維的「遊軍」呢？您倒是回來呀？

局面如此危急，姜維仍然不回來。

鍾會帶兵入了駱谷，鄧艾帶兵進入沓中。劉禪認慫了，發兵派廖化去沓中救姜維，不能讓他投降；派張翼、董厥等去陽平關。[1]

劉禪方面終於憋不住了，姜維啊姜維，算你狠！

一切都晚了。

1　《三國志・姜維傳》：及鍾會將向駱谷，鄧艾將入沓中，然後乃遣右車騎廖化詣沓中為維援，左車騎張翼、輔國大將軍董厥等詣陽平關口以為諸圍外助。

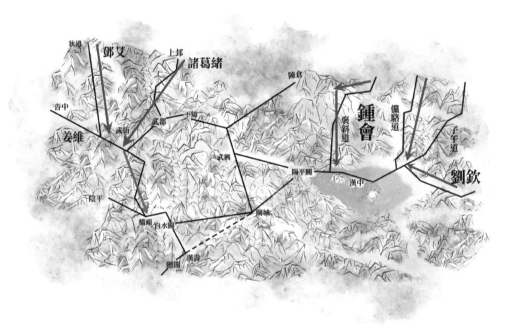

圖 14-9　魏軍南征圖

漢中守軍有一萬來人，哪怕拚命禦敵於門外，都沒辦法堵住三路齊進的魏軍。蜀軍只好如姜維佈置的那樣，收縮防守退至漢、樂二城。

鍾會進入漢中盆地後根本不在這兩城上跟蜀軍做糾纏，而是派李輔帶一萬人圍住樂城的王含，派荀愷帶一萬人圍住漢城的蔣斌，自己帶十餘萬人迅速朝陽平關而來。

陽平關守將關中都督傅僉政治相當過硬，但之前在武興被撤過職，現在過來給傅僉當副手的部將蔣舒懷恨在心，把傅僉給坑了。

鍾會大軍來了，蔣舒帶著隊伍嚷嚷出戰，傅僉不同意，蔣舒說：「現在賊人來了卻閉城自守不是個事兒啊！」

傅僉說：「任務就是守城！這是第一要務！」

蔣舒說：「你以保城為第一要務，我以殺賊為第一要務，咱各過各的吧！」

蔣舒隨後就帶了兵出城，出去一溜煙兒地找魏軍先鋒胡烈投降了。胡烈乘虛襲城，傅僉最後戰至一兵一卒而死，陽平關失陷。傅僉他爹是當年老劉在夷陵現眼時，殿後死戰大罵吳狗的傅彤！父子英烈！

陽平關是天險，胡烈是怎麼乘虛襲擊的呢？

當年曹操大軍硬鑿鑿不動，靠著山神助攻才陰差陽錯地拿下陽平關。當年劉備鏖戰陽平關一年多，即便斬了夏侯淵，仍然沒有拿下陽平關。蔣舒作為一個副手不可能把大部分守軍都帶走，陽平關的防務應該還是頂得住的。

最大的可能是胡烈命蔣舒帶路，令魏軍換了蜀軍的軍服趁蜀軍不備騙進城去的。

陽平關幾乎可以說是漢中的命脈所在，蜀漢的將領安排卻如此兒戲：居然命一個沒有戰功、被降級的人前來當副手！總之，漢中天險被攻克了。姜維所謂的「放進來打」的戰略徹底破產。

鍾會發佈《移蜀將吏士民檄》勸蜀地軍民投降，此時除了漢、樂二城以及黃金戍等圍守，漢中基本上全面投降。鍾會根本不理圍在炮樓裡的蜀軍，全速前進，南下而來。

蜀軍東線全面崩潰了，說一下姜維那裡吧。

鄧艾命天水太守王頎、隴西太守牽弘、金城太守楊趨，分別從東、西、北三面進攻沓中的姜維。姜維收到魏軍已經進入漢中的消息後，終於開始決定撤離沓中。要是按《晉書》中的說法比這更過分，鍾會打破陽平關後，姜維才挪屁股。[2]

姜維早幹什麼去了呢！早走一個月，都不是這番結局！

姜維率軍開始撤退，但鄧艾的追兵此時也已經咬上來了，王欣等在強川口追上了姜維，大戰後姜維敗退。

狼狽的姜維邊走邊撤，驚悚戰報不斷傳來：退路已經被截斷了。諸葛緒早已帶著三萬人堵在了陰平橋頭！[3]（見圖14-10）

刨除東線的漢中戰場不說，即便局部的武都、陰平戰場，姜維都負有不可推卸的責任。

這都讓諸葛緒捅到哪兒了！

姜維隨後抖了人生中倒數第二個小機靈，帶著部隊從孔函谷繞到諸葛緒後方，意思是要斷諸葛緒的糧道並從武都方向撤退。

諸葛緒慌了，緊急後退三十里去趕姜維。姜維趁機猛回頭，越過了陰平橋頭，等諸葛緒察覺上當時，姜維已經走了一天了。**（由於未找到當時該地區的詳細路線地圖，因此暫不知道姜維猛回頭的具體路線。）**

2　《晉書·景帝紀》：會直指陽安，護軍胡烈攻陷關城。姜維聞之，引還……

3　《三國志·鄧艾傳》：欣等追躡於強川口，大戰，維敗走。聞雍州已塞道屯橋頭……

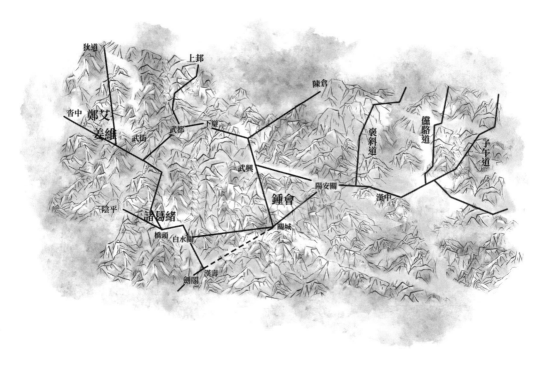

圖 14-10　諸葛續堵陰平橋圖

姜維從橋頭南撤後在陰平遇到了北上增援他的廖化，本來還打算趕往陽平關，結果半道上聽說了噩耗，陽平關丟了！[4]

　　魏軍佔領陽平關後，西面通往武興，南下金牛道逼白水關，此時北面已經徹底沒有希望了！蜀漢的武都、陰平二郡以及關鍵點武興等蜀漢經營數十年的要塞全部被攻克了！

　　姜維同廖化退回白水關（見圖14-11），另一路救漢中的張翼、董厥此時剛剛趕到漢壽（葭萌關），哥幾個一合計，去劍閣守最後一道關吧！[5]這個時候，姜維又犯了一個巨大的戰略錯誤：他放棄了白水關和漢壽（葭萌關）！

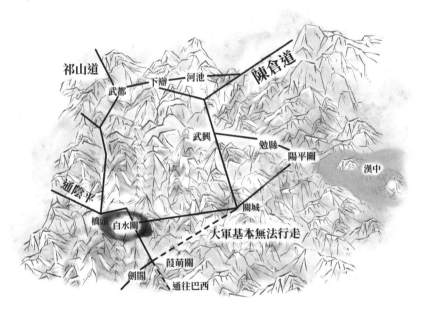

圖 14-11　白水關示意圖

4　《三國志・鍾會傳》：姜維自沓中還，至陰平，合集士眾，欲赴關城。未到，聞其已破……
5　《三國志・姜維傳》：翼、厥甫至漢壽，維、化亦舍陰平而退，適與翼、厥合，皆退保劍閣以拒會。

劉備入川時我們講過，無論自關中、漢中、武都南下，還是自陰平西進，最終都要經過白水關。

圖14-11虛線處，漢中方向到葭萌關其實也有一段路可以走，但是山谷險峻，水流湍急，三國時代並不將其作為正規選擇。

白水關也稱「關頭」，收攏所有常規入蜀線路，和永安（白帝城）共稱「益州禍福之門」。

當年劉璋讓劉備去葭萌關療養，沒把白水關給劉備就是因為這個位置太關鍵了。

這麼重要的一個關卡，結果姜維主動放棄送人了，直接奔四川的最後一個天險劍閣去了。[6]

白水關如果在手上，至少陰平橋頭是能始終保持威懾力的，後面鄧艾從陰平偷襲就不會那麼肆無忌憚！

至此，蜀漢從漢中至陰平綿延千餘里的領土喪失殆盡，設在岷山、摩天嶺、米倉山以北的外圍防線悉數落入敵手。（見圖14-12）

九月，鍾會打到劍閣。

十月，各路軍捷報頻傳，曹奐以春秋晉國的故地共十郡封司馬昭為晉公，進位相國，加九錫。

司馬昭迅速點頭，終於突破了曹髦天子之血的封印！司馬昭的目的達到了，拿下了漢中也是大功一件，此時的滅蜀之事，並不那麼迫在眉睫了。

但是，對蜀之戰一路作為牽制力量的鄧艾並不過癮，他追剿姜維收

6　《三國志·鍾會傳》：姜維自沓中還，至陰平，合集士眾，欲赴關城。未到，聞其已破，退趣白水，與蜀將張翼、廖化等合守劍閣拒會。

狄道

上邽

陳倉

杏中

儻駱道

武都

下辯

褒斜道

子午道

武街

全自送

武興

陰平

橋頭 白水關

劍閣 葭萌

圖 14-12　漢中陷落圖

復了陰平，聽說姜維已經入了劍閣，於是他冒出了一個驚人的想法：繞過劍閣，走陰平道進入江油，扎進成都平原。（見圖14-13）

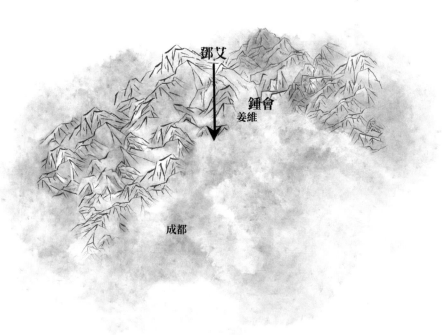

圖14-13　鄧艾偷渡陽平示意圖

　　陰平道，準確地說，是「陰平陘」。「陘」的字面意思，是山脈中被自然力量攔腰砍斷後呈現的筆直斷口。道是連續的，但「陘」卻不一定！

　　在中原文明很早開化的太行山脈，千年走下來，那些孔道依然叫「陘」。

　　鄧艾邀諸葛緒一同走陰平道，諸葛緒沒理他，因為那幾乎是不可能的事情。陰平道七百里無人煙，崎嶇難行，根本就走不了！道路對於行軍來講何其重要！軍隊是很脆弱的。道路不通，沿途也無補給，那根本就是死路。

　　鄧艾為什麼敢走這條死路呢？

1.由於姜維主動放棄了白水關，劍閣北方千里已經再無威脅，所以後路絕對不會被斷。

2.鍾會十餘萬大軍雲集劍閣，此時蜀漢的全部增援軍隊都在趕往劍閣，鄧艾只要插進成都平原，那就是出其不意！

3.鄧艾自詡身負大才，他和姜維是一樣的人，此時已經六十好幾歲了，要立大功，青史留名。

鄧艾在此次出征的時候本來是不同意的。為什麼呢？因為收割漢中的是鍾會，他的任務是拖住姜維。這破活兒難度高還沒功勞，所以鄧艾一百個不願意，是司馬昭專門派了政委他才點頭的。現在鍾會立了大功，鄧艾還沒把姜維絆住讓他竄回了劍閣，他這回最多是個功過相抵。

司馬昭已經完成了封公加九錫，後面肯定一切趨向於穩，全力換曹家房本，鄧艾還等得到下一次滅蜀的機會嗎？所以他要在這生命即將燃燒到盡頭的時候賭一把。他要拿著自己這三萬將士的命，去賭一個微乎其微的可能性。

他是幹屯田出身的，他是發表《濟河論》的建設型人才，他不是不明白行軍和路況對於戰鬥力的降低和損害，他不是不知道這種行軍古往今來幾乎沒有成功的案例，他不是不知道全軍覆沒的可能性極大，但他還是賭了。

本質上，他和姜維是一種人，都是在拿1%的可能性去搏命。只不過姜維拿了根本不能賭的底線作為賭注，鄧艾賭了自己和三萬將士的性命。

再往深裡說，姜維式的人，對於大集團、大優勢、大體量的組織來說，可以負擔得起。對於弱勢底子薄的組織來說，最好敬而遠之。

《孫子兵法》裡講的精髓之處：先勝後戰！

即便弱者，也是可以不斷積累局部優勢去蠶食強者的。弱欲勝強，需四點：一需天變；二需上下同欲；三需戰略正確；四需自身資源汲取

調動能力強。

每一條，都是內功的慢功夫！每一條，都是需要耐著性子等待！

弱者最忌諱的就是賭，賭就是個死！但古往今來，賭徒的另一個稱呼叫作理想主義者，有著不見棺材不掉淚的一面，只是有的被包裝成了堅定與執著典範。

諸葛一生不弄險，司馬裝病以年計。時間真的是朋友，等待真的是恩人。

諸葛緒把鄧艾扔下後進軍白水關與鍾會會師，結果還不如跟鄧艾走呢，因為他被鍾會陰了。鍾會密報說諸葛緒畏縮不進，然後將他押進囚車送洛陽了，直接收編了諸葛緒的部隊。

鍾會手中的兵力達到了近十五萬，在聽說鄧艾有想法後觀望了起來。

夢想家鄧艾在即將壯烈表演前上書司馬昭：「如今賊寇大受挫折，我們應乘勝追擊。從陰平沿小路，經漢德陽亭，奔赴涪縣，距劍閣西有百餘里，距成都三百餘里，派精悍的部隊直接攻擊敵人的心臟。姜維雖死守劍閣，但在這種情形下，他一定得引兵救援涪縣。此時，鍾會正好乘虛而入。如果姜維死守劍閣而不救涪縣，那麼涪縣兵力極少。兵法說道：『攻其不備，出其不意。』今進攻其空虛之地，一定能打敗敵人。」[7]

鄧艾此時仍然把姜維當作重要的戰略對手，但最終他會發現，其實他還是高看了姜維這個人。

十月，鄧艾率軍自陰平道開始了勇敢者遊戲，中國古代史中堪稱最偉大的孤軍深入敵後的故事上演了。

7　《三國志‧鄧艾傳》：艾上言：「今賊摧折，宜遂乘之，從陰平由邪徑經漢德陽亭趣涪，出劍閣西百里，去成都三百餘里，奇兵衝其腹心。劍閣之守必還赴涪，則會方軌而進；劍閣之軍不還，則應涪之兵寡矣。軍志有之曰：』攻其無備，出其不意。』今掩其空虛，破之必矣。」

鄧艾行軍，攀登小道，鑿山開路，修棧架橋，一路絕糧，幾乎到了全軍餓死的地步。[8]走到馬閣山，道路徹底斷絕，再也走不動了，鄧艾身先士卒，用毛氈裹身滾下山坡。就這樣，鄧艾的丐幫團隊越過七百餘里無人煙的險域，傷亡近半。

十一月，本來所部三萬人的鄧艾率領剩下的一萬多人出其不意地直抵江油。[9]守將馬邈投降。

按理來講，一萬多「叫花子」能攻克城池嗎？還是那句話，《仇國論》已經完成了對蜀漢信心的瓦解，守將看見人家來了，趕快投降了。

鄧艾神兵天降江油後，整個蜀中開始失禁，緊急調最後的力量，蜀國衛將軍諸葛瞻（丞相之子）從涪城回到綿竹，列陣等待鄧艾。

諸葛瞻背後是當年劉備啃了一年多的雒城，他不去守城，為何偏偏在城外擺陣呢？因為諸葛瞻感覺到雒城會像江油一樣出現叛徒投降，這最後的兵力是自己唯一能控制住的，還不如在此決戰一場！

蜀已形同魯縞，魏如強弩之末。這是一場雙方瀕臨絕境的戰役。鄧艾派其子鄧忠攻打諸葛瞻的右翼，師纂攻其左翼。鄧忠、師纂失利，退回，對鄧艾說：「賊兵堅守牢固，很難擊破。」鄧艾大怒，說：「生死存亡之際，全在此一舉！我砍了你倆！」

二將策馬奔回，揮軍再戰，鄧艾也親臨督戰，終於強弩之末破魯縞，蜀軍破。

本來鄧艾看到諸葛瞻時也心虛，修書一封派使者給諸葛瞻，保證上表諸葛瞻為琅邪王，讓他榮歸故里，結果諸葛瞻斬來使，最後死於戰場上。

8　《三國志·鄧艾傳》：艾自陰平道行無人之地七百餘里，鑿山通道，造作橋閣。山高谷深，至為艱險，又糧運將匱，頻於危殆。

9　《晉書·景帝紀》：十一月，鄧艾帥萬餘人自陰平逾絕險至江由……

這個沒怎麼見過自己父親的孩子，雖然沒有得到過父親耳提面命的教誨，但到底是武侯之後！雖然蒼天有意絕炎劉，但諸葛氏忠魂永繞川蜀！丞相滿門忠烈！

鄧艾預想中會來馳援的姜維在幹什麼呢？鄧艾拿下江油的時候，姜維沒搭理。鄧艾南下的時候，姜維繼續沒搭理。

直到諸葛瞻都戰死了，姜維才有了反應！非常可怕的是，姜維並沒有分兵去圍剿鄧艾，而是帶領軍隊讓出了劍閣。他是全軍回防追鄧艾了嗎？並沒有！他東向去了巴中的廣漢！[10]

鍾會手下近十五萬人，姜維放他進劍閣！鄧艾已經戰敗了諸葛瞻，姜維就算回軍也要趕緊往綿竹去救急，去什麼廣漢！

結果鍾會的十幾萬人湧入了成都平原，進駐涪城。

姜維徹底地失去了最後的機會：

1.自「斂兵聚谷」、放進來包餃子的戰略。

2.到遠赴沓中屯田露出戰略大漏洞。

3.到聽說鍾會治軍關中仍然不挪屁股卻喊中央增兵。

4.到敵軍已入漢中盆地才率軍回防。

5.到主動讓出「益州禍福之門」的白水關。

6.到鄧艾插入江油後繼續不分兵救援直到諸葛瞻戰死。

7.到最後率領四五萬大軍讓出劍閣，放鍾會十幾萬人進入四川平原。

姜維的這「七步」，為蜀漢的覆滅要承擔多大責任，不好評價，但鍾會和鄧艾付出了堪稱史上最小的成本，完成了中國最艱難的地獄級征伐路線——自北入川。秦嶺諸圍、陽平關、白水關、葭萌關、劍門關，這

---

10 《三國志·鍾會傳》：維等聞瞻破，率其眾東入於巴。《三國志·姜維傳》：維等初聞瞻破，或聞後主欲固守成都，或聞欲東入吳，或聞欲南入建寧，於是引軍由廣漢、郪道以審虛實。

一個個堪稱中國頂級的關隘，基本上兵不血刃地被魏軍拿下了。最吊詭的是，他們的對手還是蜀國最夢想建功立業的將軍。

理想與現實，私欲與國家。所有的選擇皆有成本，但以一個國家的基業來支撐自己的夢想，成本是否太過高昂了呢？

綿竹陷落後，蜀軍全線崩潰，鄧艾繼續往前走，當初擋住劉備整整一年的雒城也投降了，鄧艾輕輕鬆鬆拿下。映入鄧艾眼簾的，是天府成都。

蜀國的朝堂此時討論的已經不是該怎麼打了，而是該如何投降。有零星意見說要不去南中？要不去東吳？

一聽這個，譙周站出來了，蜀亡的理論煽動者再次大談天命有授，人心皆去，趁著還有籌碼快降了吧，還能獲爵得土。蜀國的高級官員最大的疑問是：「人家要是不准咱投降怎麼辦？」

譙周開始狂拍胸脯打包票：「您放心投降！他們要是將來敢虧待您，我親自去洛陽找他們理論！」

劉禪沒費太大勁兒就下定決心了，他兒子劉湛打算死社稷見先帝，劉禪沒搭理。

此時此刻，論民心，蜀漢比當年的劉璋可差太多了。

劉璋政權在雒城能夠堅守一年多，在成都被圍後軍民尚欲死戰，但此時此刻劉家想死社稷沒問題，但你帶不走別人了。

整個蜀漢，自上至下，早就自認為是偽政權了。不然在七百里陰平道後，江油不會向鄧艾投降的。諸葛瞻不會不駐守英雄景點雒城。縱使不駐守，也不會以逸待勞地打不過這一萬多「叫花子」。縱使阻擊失敗，雒城不會不戰而降。

蜀道難於上青天的蜀漢與其說是被鄧艾的神兵天降打蒙了，不如說是內部早就完成了自我瓦解。

鄧艾這史上最精彩的入川之所以會成功，不過是在合適的時間，出現在了合適的地點。正如譙周一再說的那句話：「天命有授，人心皆失！」終於有外力幫我們捅破這層窗戶紙了。

劉備不折不撓地折騰了一輩子。丞相出師未捷身先死地堅持了一輩子。辛辛苦苦打下的江山你就崽賣爺田不心疼地這麼送人了。

從國家政權角度看，譙周算是最大的禍國之賊。對於譙周，說和平解放善莫大焉也好，說於國於社稷千古罪人也罷，還是要任後人去評說。

譙周嚷嚷投降後的成都，並沒有避免預想中的兵火。任何被打倒的國家，都是人家刀俎上的魚肉！成都城裡的大多數人，也親眼看到了覆滅他們國家的三個大才未得善終。

六、姜維、鄧艾、鍾會，三英授首

　　劉禪遞降表後，鄧艾軍至成都，劉禪綁好自己，率領太子、諸王、群臣六十多人抬棺至軍營拜見。鄧艾手執符節，解開綁縛，焚燒棺材，接受投降並寬恕了他們。鄧艾約束部眾，進城後沒有發生搶掠，安撫投降的人員，使他們復任舊業，受到蜀人的擁護。

　　在巨大勝利面前，他開始懵圈。他忽略了最重要的方面，權力的運行規則：一切要聽領導的！

　　他擅自依東漢鄧禹故事，以天子的名義任命大批官吏，他拜劉禪行驃騎將軍、蜀漢太子為奉車都尉、諸王為駙馬都尉；對蜀漢群臣則根據其地位高低，或任命他們為朝廷官員，或讓他們成為自己的官屬。任命師纂兼領益州刺史，任命隴西太守牽弘等人兼領蜀中各郡郡守。

　　他派人在綿竹把作戰中死亡的魏國戰士跟蜀兵死者一起埋葬，修築高臺作京觀用以宣揚自己的武功。

　　鄧艾常道：「諸位幸虧遇上我，所以才有今日，如果遇上像吳漢這樣的人，你們早被殺掉了。」談到老對手姜維時，他說：「姜維是一時的雄傑，但與我相遇，所以窮途末路。」

你的叫花子大軍碰見姜維了？並沒有。

此時這位雄傑在哪兒了呢？投降鍾會了。鍾會手中已經有近二十萬人了。

十二月，司馬昭的獎勵下來了：封鄧艾為太尉，增加封邑二萬戶，封其二子為亭侯，各得封邑千戶；鍾會進位司徒，增邑萬戶，其二子也都封為亭侯，各得封邑千戶。

鄧艾的太尉比鍾會的司徒高，而且鄧艾的封賞比鍾會多。這讓鍾會開始從心裡感到強烈的不平衡！本來是我獨領風騷的！這風頭都被你搶走了！

也是趕上鄧艾作死，滅蜀後，鄧艾迅速給司馬昭寫了一篇平吳論文。

「領導您好，現在本來應該憑藉定西蜀的聲勢乘勢伐吳，但大舉用兵之後，將士都已疲憊，此時應先留隴右兵二萬人、巴蜀兵二萬人，煮鹽煉鐵，屯田造船，為滅江東做準備，戰備做完後，佈告天下，吳國嚇都嚇死了。

「今厚待劉禪，是為了給吳帝做榜樣，如果將劉禪送到京城，東吳的人認為這是軟禁，這會讓他們有顧慮，最好先讓劉禪繼續留在蜀地，等平吳後再挪窩，估計來年秋冬，吳國也就平了。」[1]

鄧艾是國之良將、治郡大才，他基本上是秉承了老領導司馬懿的思路，走到哪裡建設到哪裡，永遠都是兵馬未動，糧草先行。但鄧艾做的這些事，卻成了正確的錯事。

正確是因為哪件事都特別對，錯的是身份不對。

1.你對蜀地的前皇帝和官員私自進行了冊封。

1　《三國志‧鄧艾傳》：今宜厚劉禪以致孫休，安士民以來遠人，若便送禪於京都，吳以為流徙，則於向化之心不勸。宜權停留，須來年秋冬，比爾吳亦足平。

蜀地感的是你鄧艾的恩，那將來司馬昭還怎麼買好？對於大領導來講，這是個巨大的政治成本浪費！將來司馬昭得再多給多少紅利才能讓蜀地擁護他？

2. 你對蜀地前皇帝的去留做了建議。

誰知道你鄧艾心裡到底怎麼盤算的！這都不是你一個領軍大將所能達到的級別。鄧艾說的依據，是依「鄧禹故事」，鄧禹是誰呢？東漢大軍師，從龍元勳，劉秀小學弟，光屁股上任的傾家追隨者，平天下大策提出者。總體上一句話，那叫自己人。

你鄧艾呢？不是自己人。

準確地說鄧艾是南陽破落戶、汝南屯田客，能發跡是因為司馬懿老爺子慧眼識才賞飯吃，這說明你僅僅是老爺子的人。你和少爺司馬昭的距離，就差著一大塊兒了，不然也不會一把年紀給你扔隴西去。

司馬昭的內部核心圈，是曹魏功臣子弟，這幫大院裡從小長起來的才是自己人！比如諸葛誕，哪怕他反了，由於他是士家大族混出來的，閨女還嫁了司馬懿三兒子司馬伷，所以後來司馬炎貴為皇帝還是要主動找諸葛氏消除矛盾。鍾會作為老鍾家的人，即便後面反了，但僅僅是滅了養子一族，別的子弟都沒受到牽連，司馬昭最後還恩准給鍾會收屍。

鄧艾最終的結局就很慘，哪怕你有千古大冤，也是到了司馬炎時代，在多次奏請後，才僅僅給平了反，象徵性地給了其倖存子孫一個郎官當。

你不是自己人，千萬不要幹那些關係巨大的事，躲還躲不及呢！風險太大了，而且會有人眼紅捅你的刀！比如說已經不平衡很久了的鍾會。

鄧艾的所有書信都要過劍閣，中間都被鍾會看了，而且鍾會不光看，還運用自己的臨摹大才去改。具體改成什麼樣不知道，只知道將鄧艾的口氣改成了傲慢無禮。

你鄧艾搶了另一個自視太高的人的風頭！從偷渡陰平開始你就繞過我直接上書！你從那一天就打算搶我的功！你還搶成了！太可恨了！你滅蜀後什麼事都不跟我商量自己把官都封了，「從鄧禹故事」按理說是我這個「自己人」幹的事啊！風頭都讓你搶了！把我往哪兒放！

鄧艾從偷渡陰平開始，就註定走上了一條死路。道路崎嶇艱險是看得見的。看不見的，是這背後的人心。

司馬昭傳書給了監軍衛瓘，告誡鄧艾：「此事應上報，不宜馬上實行。」這透露出了兩個信號：

1. 我給衛瓘傳旨，說明你不是我的人，而且你別忘了我派過去的監軍是幹什麼去的。

2. 滅吳這事兒應該上報，這不是你這級別能幹的。現在趕緊都叫停！聽中央的統一安排！

鄧艾再次沒聽懂，上書：「我受命征討，有皇帝的符策。敵首既然已經投降，應當按照舊制予以官職，以便安撫他們，這是符合時宜的。

「《春秋》有這樣的話，大夫出守邊疆，如果遇有保衛社稷、有利國家的事，專斷是可以的，現在吳國未服，與蜀相連，不能拘泥於常理而失去時機。[2]《孫子兵法》中說：前進不是為了名譽，後退不怕罪責。我鄧艾雖沒有古賢人的風範，但還是不想因為自己而損害國家的利益！」

我懷疑這是鍾會篡改過後的版本，如果是鄧艾自己寫的那他死的真不冤。不過即便沒有鍾會改信的事兒，鄧艾也已經犯了眾怒，極大概率是在滅國後實在不知自己姓什麼了，牛氣哄哄地得罪了太多人。因為最終是鍾會、總監軍衛瓘、派到鄧艾處的軍師師纂等所有滅蜀高級領導共

2　《三國志‧鄧艾傳》：春秋之義，大夫出疆，有可以安社稷，利國家，專之可也。今吳未賓，勢與蜀連，不可拘常以失事機。

同上書說鄧艾要造反的！³

朝廷隨後下詔書派監軍衛瓘逮捕鄧艾父子，用囚車將其送到京都來。鄧艾仰天長歎：「我是忠臣啊，居然到這種地步，白起的境遇，於今又重現了。」鄧艾這位三國末期的第一名將，最終死於政治鬥爭中。

總體來講，鄧艾死得比較惋惜，但並不意外，更談不上什麼冤枉。因為他貌似特別忠君為國，實際上犯了非常硬傷的政治錯誤。

不過對於鄧艾，值得再往深說一層。鄧艾一路從基層走過來，文武全才堪稱小號司馬懿，但是由於他的家族已經沒落了，出身草根的他根本不明白混最高層的那些必死的禁忌和潛規則！

《春秋》中告訴他將在外，要根據社稷和國家的需要獨斷專行，不能拘泥於常理，但卻沒告訴他什麼樣的身份碰見什麼樣的領導，遇到什麼樣的時機才可以這樣做。

那都是司馬防老爺子在家裡教育司馬八達時的私房課，你一路幹實事上來不假，你能夠摸索出做成一件事的規律和路徑，卻難以洞悉高級人精博弈時的技巧與算法。

鄧艾這個人其實對最廣大範圍的人民群眾有著相當貼合實際的教育意義：

1.再窮不能窮教育。

2.即便身處管稻草的閒職，也要堅持開發這個時代最有用的核心能力。

3.關鍵時刻豁得出去。（不值得推廣，死的概率極高，人家是快七十活夠本兒才拼的。）

4.成大功後要知道收斂，要知道自己這輩子走到了本不屬於自己的

3　《三國志·鄧艾傳》：鍾會、胡烈、師纂等皆白艾所作悖逆，變釁以結。《晉書·衛瓘傳》：瓘自以與會共陷艾……

高階級後，需要穩穩當當地鞏固。

一輩兒人有一輩兒人的任務，要知道進退。很多時間上的工夫永遠省不得。

此時此刻，鍾會手中已經是近二十五萬的大軍了。鍾會握有這巨大的兵力優勢，心中的欲望再也無法遏制！與此同時，他新交的好朋友姜維也看出了他的心思。

姜維很開心，劇本還沒完，於是慫恿鍾會：「你從淮南三叛開始就算無遺策，現在滅蜀功高鎮主，趕緊學陶朱公和張良隱退去吧。要是捨不得這人間大舞臺，爺們兒還有一個辦法，咱別猶豫了，幹吧！」

鍾會權衡後，要奪取老領導的天下。

鍾會為什麼敢這樣呢？

1.征蜀的所有魏軍都在他的手中。

2.姜維為核心的蜀軍可以為他所用。

3.立了大功，害怕回去被報復。

4.最重要的一點，是因為司馬氏父子三人已經做了最好的表率。

作為同一個圈子裡的人，鍾會全程近距離地觀摩了司馬氏父子的權謀打法，全程看到了所謂天子在兵強馬壯者手中可隨意更換。司馬氏的江山還沒坐呢，繼淮南三叛後，又一個兵強馬壯者的反噬來了！

司馬家親手一路提拔的核心，覺得自己力量強大到一定地步後，迅速就想取司馬氏而代之了！在西漢，周勃、陳平敢嗎？在東漢，鄧氏、梁氏敢嗎？

就算你司馬昭拿天子不當回事兒，但除你之外的所有人都拿天子當回事兒，你阻力太大！你只能當個高端的掌權者，還得時時刻刻地提防著別人陰你。

現在是全世界都拿天子不當回事兒。所有人都在衡量自己的實力大小。

你知道你司馬家這十幾年一步步走得有多麼顛覆全世界的思維嗎？自秦併天下後，華夏大地開了三次大腦洞：第一次，是始皇帝的「廢分封，為郡縣」；第二次，是漢武帝的「天人感應，君權神授」；第三次，就是司馬氏的「弒天命，廢敬畏」了。

但是，鍾會還是忽略了一點，司馬昭早在他出征之前就盤算好了底牌。

心腹邵悌在鍾會出征前提出擔憂後，司馬昭說：「敗軍之將沒有士氣，亡國之臣不會為他所用，亡國之民不會受他驅使，所以鍾會亡蜀後不會從蜀漢借到力；得勝的軍隊都希望回家受賞，更不可能跟他造反，所以鍾會雖然有狼子野心，也不足為懼啊！」[4]

很多頂級的人傑，並非不聰明。但當他們建功立業的野心大到極致後，總會推己及人地認為別人也如此。鍾會到了四十歲滿腦子建功立業顧不上娶妻。姜維一生不蓄錢財，不好女色，不搞娛樂，錢財過手就散。實現價值、兌現劇本是他們畢生的追求，也是唯一的追求。不過他們願意為了建功立業付出所有的代價，別人也願意嗎？

其實已經有極其相似的一件事在給鍾會預警了，最開始司馬昭怕鄧艾反抗，命監軍衛瓘在前頒旨，命鍾會進軍成都施壓，結果衛瓘拿出司馬昭親手諭旨通報全軍後，鄧艾全軍乖乖地把兵器扔了，隨後鄧艾才被痛痛快快地裝進囚車。

鄧艾同甘共苦地養士卒尚且如此，鍾會比鄧艾強很多嗎？

司馬昭戰前就已經推演好的邏輯結局，其實並不難懂。只不過兩位

4　《三國志・鍾會傳》：凡敗軍之將不可以語勇，亡國之大夫不可與圖存，心膽以破故也。若蜀以破，遺民震恐，不足與圖事；中國將士各自思歸，不肯與同也。若作惡，祗自滅族耳。

人傑全都已經被功業之火燒得欲罷不能！

鍾會打算派姜維率蜀兵出斜谷，佔領長安，再派騎兵經陸路、步兵經水路走渭水入黃河，五日即可到孟津，與騎兵會洛陽，奪取天下。[5]

在鍾會準備起事時，他突然收到了司馬昭的信：「我擔心鄧艾不服命令，今派遣中護軍賈充率步兵和騎兵萬餘人入斜谷，駐紮在樂城；我親自率十萬大軍駐紮在長安，我們不久就可以相見了。」

司馬昭猜出了鍾會的想法。

鍾會得信後大驚，對親信說：「僅僅抓獲鄧艾，相國知道我一人就能做到，他領大軍而來，必是發現異狀，我們應當迅速出發。如果順利，可以得到天下。如果不順，還可以退回蜀地學劉備！自戰淮南以來我從未失策，已天下聞名，我這樣功高震主的情況，哪能有好的歸宿呢！」

其實哪裡是什麼功高震主，他從出征就被司馬昭料定了！

鍾會於正月十五到成都，押走鄧艾。十六日，召請護軍、郡守、牙門騎督以上的將士以及蜀國的舊官，在蜀國朝堂為魏明帝、郭太后發喪，並假借郭太后遺命，起兵廢掉司馬昭。

哪裡有那麼好叛變的？所有人都立了大功，正想著回去拿封賞，再說了，所有人的家屬都在洛陽，怎麼叛變？

手下的將士開始非暴力不合作。於是鍾會把他們都關在益州各官府中，派兵嚴加看守。被關押的高級將領們開始大量散播謠言，說鍾會要坑殺大家，人心開始劇烈浮動。

這時，姜維對鍾會建議道：「應把牙門騎督以上的官吏全都殺死。」

鍾會猶豫不決，都殺了，我怎麼造反啊！

正月十八日鍾會決定殺這些官吏，開始給姜維部鎧甲兵器，但已經

5　《三國志・鍾會傳》：欲使姜維等皆將蜀兵出斜谷，會自將大眾隨其後。既至長安，令騎士從陸道，步兵從水道順流浮渭入河，以為五日可到孟津，與騎會洛陽，一旦天下可定也。

晚了。當天中午，成都爆發內亂，基層軍士們開始暴動，鍾會與姜維雙雙死於兵變之中。

據說姜維想先殺魏將，再殺鍾會，然後復國，給後主那兒都去信了：「願陛下忍數日之辱，臣欲使社稷危而復安，日月幽而復明。」

正史《三國志》中不見記載，《漢晉春秋》中確實提了他攛掇鍾會造反，但是並沒有提復國的事兒。

這段復國的記載，見於《華陽國志》。[6]

是否屬實，學界有爭議。我認為是真的。因為姜維不是會給鍾會當小弟的人；他也沒有號召力自立爐灶。以他的性格，絕對不會就此認命。只要還有籌碼，他生命的火焰就永遠不熄。擺在他面前的劇本，是田單復國！

根據史料記載，姜維的打算是：

1.慫恿鍾會殺掉魏將。

2.隨後找機會幹掉鍾會。

3.最後盡數坑殺十幾萬魏兵，復活蜀漢。

如果成功，姜維是蜀漢興滅繼絕的再造之臣，同時也將大權獨攬，再無一人能去阻止他未來繼續實現理想！但是，這又和「放進來打」的漢中戰略一樣，每個環節沒有一絲絲容錯度。一招錯，滿盤輸。

他《三國演義》中的老師諸葛亮是一生不弄險。

他的一生都是驚悚動作片。

我敬公之氣魄，敬公之才幹，卻敬而遠之公之「理想」。

因為無論何時，戰爭是政治的延續；而並非政治是戰爭的附庸。

本末倒置者，非知兵之將，非生民之司命，非國家安危之主也。

---

6 《華陽國志》：維教會誅北來諸將，既死，徐欲殺會，盡坑魏兵，還復蜀祚，密書與後主曰：「願陛下忍數日之辱，臣欲使社稷危而復安，日月幽而復明。」

志為國器者，三思之；怒我怨我者，看淡這滿紙荒唐言。

鍾會死後，魏軍開始燒殺淫掠，整個四川大亂，百姓死傷狼藉，生靈塗炭。

鄧艾部下追上囚車欲迎回鄧艾，但由於鄧艾是特派員衛瓘和鍾會聯合下的黑手，衛瓘害怕鄧艾報復，又想獨攬滅鍾會之功，於是派和鄧艾有仇的田續殺掉了鄧艾父子。

鄧艾因為失去了最後申辯的機會，最終被定為謀反罪，鄧艾在洛陽的諸子也都被殺，其妻和諸孫被流放西域。

衛瓘現在冤死了鄧艾一家，將來也會以同樣的方式滿門被另一個狠角色冤殺殆盡。

大亂都搶痛快後，官職最高級別的衛瓘開始約束諸將。成都之亂平息。

鍾會雖然大罪，但司馬昭還是下詔，念及鍾繇、鍾毓的功勞，僅處死鍾會養子的鍾毅和鍾邕諸子，赦免了鍾家的其他支脈，像鍾峻、鍾迅等有官爵者待遇不變。司馬昭後來又默認向雄給鍾會收屍。

司馬昭併蜀後，蜀漢劉禪這個安樂公和東漢獻帝的孫子劉康這個山陽公在洛陽相會。

自公元前202年立國，大漢的國祚，在四百六十五年後，終於徹徹底底地走完了自己的終章。

264年三月三十日，魏元帝曹奐下詔拜司馬昭為王。265年八月，司馬昭病死，葬於崇陽陵；九月，被謚為文王。

劉備父子的名諱連起來是「準備好了送人」；蜀漢被滅當年的最後一個年號「炎興」。司馬昭之子，叫司馬炎。多麼的湊巧。這也成為司馬炎代魏的天意依據之一。

265年十二月，司馬炎代魏稱帝，國號「晉」。

滾滾長江東逝水的三國時代，結束了。

在這七十多年中，一個個英雄豪傑、妖魔鬼怪、擎天樑柱、鬼才神仙紛紛出場，譜寫了中國古代歷史中堪稱最精彩、最好看，也最難下筆的時代。

這段波瀾壯闊的歷史，也是時候告一段落了。

再回首，這大福大報的亂世奸雄；

這千年來最有人味的古代政權；

這最亂時代的最強守成少年；

這浪漫主義傳奇的忠義無雙；

這獻祭一切決戰到最後一秒的雙雄鏖戰；

這史上最高投入產出比的人才招聘；

這最傳奇的冬天裡的一把火；

這最臭名昭著的背盟偷襲；

這最壯烈的兩漢終章；

這最心神無二的君臣兩相宜；

這最扼腕擊節的功虧一簣；

這最讓人肝腸寸斷的一生歎息；

這最隱忍的政變奪權；

這最陰差陽錯的奇襲天險；

這最壯烈的無力回天。

中國史上的諸多傳奇，在這短短的幾十年間濃縮爆炸登場，兩漢的頭和尾，即楚漢和三國，也成為中國歷史中堪稱最璀璨的兩顆明珠，永遠閃耀在華夏子孫的心間。

三國的劇本，也為後面佛法的東來和本土道教的生長以及儒教在兩

漢癲狂後的階段性反思，提供了痛徹心扉的教材，也為接下來三百年中國思想藝術的大探索、大融合提供了豐厚的土壤。

在浪花淘盡英雄後，指洛水盟誓的司馬懿終盤出手，三分天下歸司馬，終結了亂世，收尾了三國時代。

當司馬炎代魏受天命的時候，這個新興的王朝卻如同一輪即將落山的夕陽，開始日薄西山。歷史即將進入著名的「兩晉時代」。僅僅四十多年後，此時烈火烹油的司馬氏就落得個白茫茫一片大地真乾淨。

司馬氏在史無前例的全族大混戰中，裹挾著華夏民族走向了黑暗的深淵。司馬氏親手廢掉了一條又一條雄踞華夏的神龍，北境開始奴役著華夏民族去肆虐神州。北境開始一次又一次地嘗試著將靈魂注入華夏的軀殼。

凜冬已至，長城自毀。

中國歷史上，時間跨度最長、程度最劇烈、民族維度最寬廣的大動亂三百年，即將拉開序幕。

永嘉之亂、石虎暴虐、冉閔屠羯、前燕南下、苻堅霸北、慕容復國、拓跋建魏，一個個你方唱罷我登場，胡人跑馬踏中原。

放眼南國，苟延殘喘的東晉權柄自「王與馬共天下」後就開始落入高門大姓之手，進入中國歷史中非常特殊的政治時間段：長達百年的門閥時代。

在一次又一次的胡騎肆虐下，在一次又一次的亡國滅種危機前，飄搖的江左政權又將交出怎樣的歷史答卷？

讀懂三國的 376 個問題

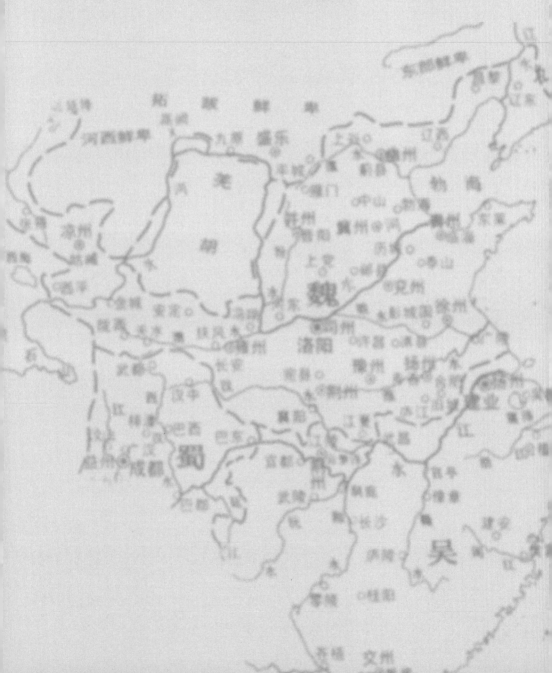

從頭捋了一遍本書的所有文章要點，列出了376個問題，這些問題基本上涵蓋了三國歷史的疑問和難點，也全部與原文連結，方便讀者朋友們從原文中尋找答案。

序

　　1. 在古往今來的所有歷史小說中，為什麼《三國演義》會脫穎而出？

　　2. 為什麼說《三國演義》對三國的「演義」是恰到好處的？

第1戰　群雄討董：璀璨紛雜的時代

一、曹嵩生的敗家兒子

　　3. 曹家起步的關鍵階段是誰做的背書？

　　4. 為什麼說曹操的人生是無法複製的？

　　5. 什麼是人生的「試錯空間」？

21. 註定袁術人生悲劇的關鍵抉擇是什麼？

22. 孫堅一路向北攻伐後的兩位巨大受益者是誰？

23. 孫堅戰洛陽的原因是什麼？

七、孫堅橫死，袁紹奪冀

24. 袁術和袁紹兄弟決裂的標誌是什麼？

25. 為什麼孫堅又調頭去打荊州？

26. 為什麼說孫堅是性格決定命運的典型代表？

27. 袁紹是怎樣恐嚇冀州的？

28. 最早是誰提出「挾天子令諸侯」的綱領的？

八、袁紹的至暗時刻

29. 同是瞄準大河之北，袁紹和劉秀比，最終差在了哪裡？

30. 幽州牧劉虞和遼北第一狠人公孫瓚的矛盾究竟是什麼？

31. 為什麼河北地區的人強烈看好公孫瓚打死袁紹？

32. 袁紹剛拿下冀州後，局面慘到什麼程度？

九、界橋會戰

33. 古代弓兵箭陣為什麼要「左射右，右射左」？

34. 在「奇兵」預備隊的運用上，為什麼騎兵的效果往往是最好的？

35. 袁紹是怎樣佈陣以抵消掉公孫瓚的戰略優勢的？

36. 騎兵的戰略效果是什麼？為什麼說騎兵要省著用？

37. 弩兵的優勢與劣勢分別是什麼？

38. 袁紹被內外數層兵馬包圍後，其「死中求活」操作是什麼？

39. 「兵無常勢，水無常形」是什麼意思？

第2戰　兗州風雲：青州兵收降始末，兗州境叛亂真因

第4戰　官渡之戰：漢末雙神最後一秒的巔峰對決

第7戰　漢中會戰：漢末諸神黃昏的上半場

一、為什麼曹操會得隴「忘」蜀呢？

189. 為什麼「倖存者偏差」次數多了不是好事？

190. 張魯是如何打造出漢末「桃花源」的？

191. 曹操是怎樣神奇拿下頂級天險陽平關的？

192. 曹操從漢中遷徙走了多少人口？

193. 曹操為什麼不趁熱打鐵，得隴之後再得蜀呢？

二、建安二十二年，大疫，魯肅卒

194. 孫權為什麼一定要荊南三郡的分紅？

195. 呂蒙的策反天賦在什麼時候就顯露出來了？

196. 劉備前來爭荊南三郡付出了怎樣驚人的機會成本？

197. 為什麼說魯肅屬於三國戰略家中最頂級的一檔？

198. 為什麼說魯肅的英年早逝是天不佑孫劉？

三、鏖戰陽平關，變陣定軍山

199. 漢中之戰中，張飛和馬超、曹休和曹洪分別在幹什麼？

200. 張郃屯兵廣石有著怎樣噁心人的效果？

201. 為什麼說夏侯淵做人極度不厚道？

202. 為什麼漢中之戰開打半年多後曹操才出兵救援？

203. 為什麼曹操九月走到長安後就一步也不動了？

204. 二爺以什麼操作為老劉爭取到近半年的阻擊時間？

205. 劉備為什麼在對峙一年後才想起來變陣定軍山？

線？

第10戰 失街亭：一步也不能走錯的弱者悲哀

一、「先主外出，亮足食足兵」的意義

256. 為什麼弱者面對強者時通常只有一次機會？

257. 丞相在托孤之前的真實履歷表是什麼？

258. 劉備這些年打的仗背後的物流是什麼樣的難度？

二、「諸葛治蜀」到底高端在哪裡？

259. 丞相對都江堰制度化管理的偉大意義是什麼？

260. 為什麼說中國人民的智慧是無窮的，但中國人民的智慧又是容易斷檔的？

261. 丞相治蜀的根本思路是什麼？

262. 丞相打造的蜀錦品牌在三國時代意味著什麼？

263. 丞相的依法治國背後的深意是什麼？

三、平定南中真的是靠「攻心為上」嗎？

264. 「心戰為上，兵戰為下」是真的還是童話故事？

265. 古往今來漢族與少數民族「相安無事」的方式是哪兩種？

266. 真正能夠同化兩個民族的是什麼呢？

267. 歷史上孟獲的「七擒七縱」是否為真？

268. 平息南中之亂的真實原因是什麼？

269. 南中是否真的「永不復叛」了？

270. 丞相是如何通過「劃成分」解決南中叛亂的後續問題的？

四、「亮正嚴副」隱藏的劇情線

271. 劉備讓李嚴輔政的真正含義是什麼？

272. 丞相對李嚴進行了怎樣的安撫和妥協？

第12戰　高平陵之變：三百年大悲哀的邏輯原點

候？

第13戰　淮南三叛：人事、利益、威懾、恐嚇、榮耀等的政治博弈算法

一、為什麼不能得罪老上司？

TITLE

三國爭霸（下）

STAFF

出版	瑞昇文化事業股份有限公司
作者	渤海小吏

創辦人 / 董事長	駱東墻
CEO / 行銷	陳冠偉
總編輯	郭湘齡
文字編輯	張聿雯　徐承義
美術編輯	謝彥如　李芸安
校對編輯	于忠勤
國際版權	駱念德　張聿雯

排版	洪伊珊
製版	明宏彩色照相製版股份有限公司
印刷	龍岡數位文化股份有限公司
	絋億彩色印刷有限公司

法律顧問	立勤國際法律事務所　黃沛聲律師
戶名	瑞昇文化事業股份有限公司
劃撥帳號	19598343
地址	新北市中和區景平路464巷2弄1-4號
電話 / 傳真	(02)2945-3191 / (02)2945-3190
網址	www.rising-books.com.tw
Mail	deepblue@rising-books.com.tw
港澳總經銷	泛華發行代理有限公司

初版日期	2024年10月
套書定價	NT$880／HK$275（全套3冊不分售）

國家圖書館出版品預行編目資料

三國爭霸 / 渤海小吏著. -- 初版. -- 新北市 : 瑞
昇文化事業股份有限公司, 2024.10
3冊 ; 16X23公分
ISBN 978-986-401-777-5(全套 : 平裝)

1.CST: 三國史 2.CST: 通俗史話

622.3　　　　　　　　　113013430